U0087723

李澤厚 論著集

華夏美學

李澤厚／著

三民書局

國家圖書館出版品預行編目資料

華夏美學／李澤厚著.－－二版一刷.－－臺北市: 三
民, 2019
　　面；　公分.－－(李澤厚論著集:7)

　ISBN 978－957－14－6646－0　 (平裝)

　1.中國美學史

180.92　　　　　　　　　　　　　　　　108007503

ⓒ　華　夏　美　學

著 作 人　　李澤厚
發 行 人　　劉振強
著作財產權人　三民書局股份有限公司
發 行 所　　三民書局股份有限公司
　　　　　　地址　臺北市復興北路386號
　　　　　　電話　(02)25006600
　　　　　　郵撥帳號　0009998－5
門 市 部　　(復北店) 臺北市復興北路386號
　　　　　　(重南店) 臺北市重慶南路一段61號
出版日期　　初版一刷　1996年9月
　　　　　　初版二刷　1999年10月
　　　　　　二版一刷　2019年7月
編　　　號　　S 900320
行政院新聞局登記證局版臺業字第○二○○號

ISBN　978－957－14－6646－0　　 (平裝)

http://www.sanmin.com.tw　三民網路書店
※本書如有缺頁、破損或裝訂錯誤，請寄回本公司更換。

再版說明

　　一九八六年的北京街頭，書報攤小販高喊著「李澤厚」、「中國古代思想史論」來拉攏買氣，證明了李澤厚先生家喻戶曉的知名程度。在美學方面，《美的歷程》、《美學四講》、《華夏美學》的出版，奠定了他美學大師的地位。在思想史方面，《中國古代思想史論》、《中國近代思想史論》、《中國現代思想史論》的發表，更在國內外掀起高潮迭起的論戰，引領著當時代學術發展的方向。

　　「李澤厚」三個字代表著深刻思考、理性批評，因此追隨者眾，其著作更是被廣泛盜版、翻印，劣質品充斥於市。一九九〇年代，在余英時教授的引介下，本局不惜鉅資取得李澤厚先生的著作財產權，隨即重新製版、印刷，以精緻美觀的高品質問世。

　　此次再版，除重新設計版式、更正舊版疏漏之處外，並以本局自行撰寫的字體加以編排，不惟美觀，而且大方，相信於讀者在閱讀的便利性與舒適度上，能有大幅的提升。

三民書局編輯部　謹識

李澤厚論著集總序

　　在大陸和臺灣的一些朋友，都曾多次建議我出一個「全集」，但我沒此打算。「全集」之類似乎是人死之後的事情，而我對自己死後究竟如何，從不考慮。「歸日急翻行戌稿，把空名料理傳身後」，那種立言不朽的念頭，似乎相當淡漠。聲名再大，一萬年後也仍如灰燼。所以，我的書只為此時此地的人們而寫，即使有時收集齊全，也還是為了目前，而非為以後。

　　而且，我一向懷疑「全集」。不管是誰的全集，馬克思的也好，尼采的也好，孫中山、毛澤東的也好，只要是全集，我常持保留態度，一般不買不讀，總覺得它們虛有其表，徒亂人意。為什麼要「全」呢？第一，世上的書就夠多了，越來越多，越來越讀不過來；那麼多的「全集」，不是故意使人難以下手和無從卒讀麼？第二，人有頭臉，也有臀部；人有口才，也放臭氣；一個人能保留一兩本或兩三本「精華」，就非常不錯了。「全」也有何好處？如果是為了研究者、崇拜者的需要，大可讓他們自己去搜全配齊；如果是因對此人特別仇恨（如毛澤東提議編蔣介石全集），專門編本「後臀集」或「放屁集」以揚醜就行了，何必非「全集」不可？難道「全集」都是精華？即使聖賢豪傑、老師宿儒，也不大可能吧？也許別人可以，但至少我不配。我在此慎重聲明：永

遠也不要有我的「全集」出現。因之，關於這個「論著集」，首先要說明，它不全；第二，雖然保留了一些我並不滿意卻也不後悔的「少作」或非少作，但它是為了對自己仍有某種紀念意義，對別人或可作為歷史痕跡的參考；第三，更重要的是由於我的作品在臺灣屢經盜版，錯漏改竄，相當嚴重，並且零零碎碎，各上其市，就不如乾脆合編在一起，不管是好是壞，有一較為真實可信的面貌為佳。何況趁此機會，尚可小作修飾，訂正誤會，還有正式的可觀稿酬，如此等等；那麼，又何樂而不為呢？這個「論著集」共十冊，以哲學、思想史、美學、雜著四個部分相區分。

前數年大陸有幾家出版社，包括敝家鄉的一家，曾與我面商出「全集」，被我或斷然拒絕或含糊其辭地打發了。我也沒想到會在臺灣出這個「論著集」。至今我沒好好想，或者沒有想清楚，為什麼我的書會在臺灣有市場，它們完全是在大陸那種特殊環境中並是針對大陸讀者而寫的。是共同文化背景的原因嗎？或者是共同對中國命運的關心？還是其他什麼原因？我不清楚。人們告訴我，在日本和韓國，我的書也受歡迎，而且主要也是青年學人，與大陸、臺灣情況近似。對此我當然非常高興，但也弄不清楚是什麼原因。臺灣只來過一次，時不過五週，一切對我還很陌生，但有幸能繞島旅遊一周。東海岸的秀麗滄茫，令人心曠神怡，太魯閣的雄偉險峻，令人神驚目奪。但使我最難忘懷的，卻是那最南邊頗為奇特的墾丁公園。在那裡，我遇到了一批南來渡假的女大學生，她們笑語連連，任情打鬧，那要滿溢出來的青春、自由和歡樂，真使我萬分欽羨。如此風光，如此生命，這才是美的本身和哲學本體之所在。當同行友人熱心地把我介紹給她們時，除

一兩位似略有所知外，其他大都茫然，當然也就是說並未讀過我的什麼著作了。那種茫然若失、稚氣可掬的姿態神情，實在是太漂亮了。這使我特別快樂。我說不清楚為什麼。也許，我不是作為學者、教授、前輩，而是作為一個最普通的老人，與這批最年輕姑娘們匆匆歡樂地相遇片刻，而又各自東西永不再見這件事本身，比一切更愉快、更美麗、更富有詩意？那麼，我的這些書的存在和出版又還有什麼價值、什麼意義呢？我不知道。

最後，作為總序，該說幾句更嚴肅的話。我的書在臺灣早經盜版，這次雖增刪重編，於出版者實暫無利可圖。在此商業化的社會氛圍中，如非余英時教授熱誠推薦，一言九鼎；黃進興先生不憚神費，多方努力；劉振強先生高瞻遠矚，慨然承諾；此書是不可能在臺問世的。我應在此向三位先生致謝。特別是英時兄對我殷殷關注之情，至可銘感。

是為「論著集」總序。

李澤厚

1994 年 3 月於科泉市

李澤厚論著集 總分目冊

序

美學部分共分四冊。

第一、二、三冊為《美的歷程》、《華夏美學》、《美學四講》三書,分別初版於 1981、1988 和 1989 年。《美的歷程》成書前分篇發表時曾有「中國美學史外篇札記」的副標題,當時計畫中的內篇,即《華夏美學》是也。此二書均係討論中國傳統美學者;《美學四講》乃以拙之「人類學歷史本體論」為基礎之美學概論。

殿後的第四冊為《美學論集》。寫作、出版最早,初版於1980 年,絕大部分為一九五〇、六〇年代發表之舊作。今日看來,如強調從本質論、反映論談美學、典型、意境等等,似多可笑;但過來人則深知在當年封腦錮心、萬馬齊瘖下理論掙扎和衝破藩籬之苦痛艱難;斑斑印痕,於斯足見。從而,其中主要論點又與後來之變化發展有一脈相沿承者在。新訂版增加當時結集時未及收入之一九七〇年代末八〇年代初之作品,則與前列之「美學三書」相直接銜接矣。

李澤厚

目次

前　言

　　這裡所謂華夏美學，是指以儒家思想為主體的中華傳統美學。我以為，儒家因有久遠深厚的社會歷史根基，又不斷吸取、同化各家學說而豐富發展，從而構成華夏文化的主流、基幹。說見拙著《中國古代思想史論》，本書則從美學角度論述這一事實。

　　本書是在新加坡東亞哲學研究所完成寫作的（其中第三、四、五章曾收入拙著《走我自己的路》，此次作了較大增補）。承所長吳德耀教授、助理所長 Mrs. Jeanie Toong、研究員同仁古正美博士、李中華先生、圖書館李金生主任、潘麗蓮小姐以及其他諸位女士、先生們各方面多予協助，謹此鳴謝。

　　噫嘻！綠樹紅花、獅城如畫；新知舊友，高誼入雲；別期近矣，能不依依？1988 年歲次戊辰春 3 月湖南李澤厚記。

一、禮樂傳統

（一）「羊大則美」：社會與自然

「美」，這在漢語詞彙裡，總是那麼動聽，那麼惹人喜歡。姑娘願意人們說她美；中國的藝術家們、作家們一般也欣然接受對作品的這種讚賞，更不用說美的自然環境和住所、服飾之類了。「美」在中國藝術和中國語言中的應用範圍廣闊，使用次數異常頻繁[1]，使得講華夏美學的歷史時，很願意去追溯這個字的本源涵義。

可惜的是，迄今為止，對「美」字的起源和原意似乎並無明確的解說。一般根據後漢許慎的《說文解字》，採用「羊大則美」的說法。「羊大」之所以為「美」，則由於其好吃之故：「美，甘也，從羊從大。羊在六畜，主給膳也。」「羊」確與犬、馬、牛不同，它主要是供人食用的。《說文解字》對「甘」的解釋也是：「甘，美也。從口含一。」「好吃」為「美」幾乎成了千百年來相沿襲的說法，就在今天的語言中也仍有遺留：吃到味甘可口的東西，稱嘆曰：「美！」

不過，《說文》在解說美「從羊大」後，緊接著便說，「美與善同意。」從甲骨文、金文這些最早的文字看，也可作出另種解

1 這個應用範圍和使用次數，似可與其他語言作一比較研究。

釋。很可能，「美的原來涵義是冠戴羊形或羊頭裝飾的大人（『大』是正面而立的人，這裡指進行圖騰扮演、圖騰樂舞、圖騰巫術的祭司或酋長）……他執掌種種巫術儀式，把羊頭或羊角戴在頭上以顯示其神祕和權威。……美字就是這種動物扮演或圖騰巫術在文字上的表現」[2]。至於為什麼用羊頭而不用別的什麼頭，則大概與當時特定部族的圖騰習慣有關。例如中國西北部的羌族便一直是頂著羊頭的。……當然，這種解釋也具有很大的猜測性，還有待於進一步的考釋。

本書感興趣的不在字源學 (etymology) 的考證，而在於統一「羊大則美」、「羊人為美」這兩種解釋的可能性。因為這統一可以提示一種重要的原始現象，並具有重要的理論意義。

這又是一個漫長的故事。

儘管中國舊石器時代的洞穴壁畫之類的遺跡尚待發現，但歐洲的發現已經證實，原始人類最早的「藝術品」是塗畫在黑暗的洞穴深部，它們不是為觀賞或娛樂而創作，而是只有打著火把或燃起火種進行神祕的巫術禮儀即圖騰活動時，才可以看得見的；有些則根本不讓人們看見。它們是些祕密而神聖的巫術。當時人們的巫術活動一般大概是載歌載舞，極其狂熱而又嚴肅的。原始壁畫中那些活蹦亂跳、生動異常、現在看來如此之「美」的猛獸狂奔、野牛中箭等等圖景，只是遠古人群這種巫術禮儀的遺存物。

---

2 李澤厚、劉綱紀主編：《中國美學史》第 1 卷，中國社會科學出版社，北京，1984 年，第 80 頁。美、舞兩字古同源。詳後。

它們即是遠古先民的原始文化現象。正是這種原始文化，日益使人類獲得自我意識，逐漸能作為自然生物界特殊的族類而存在。原始文化通過以「祭禮」為核心的圖騰歌舞巫術，一方面團結、組織、鞏固了原始群體，以喚起和統一他們的意識、意向和意志。另方面又溫習、記憶、熟悉和操練了實際生產——生活過程，起了鍛鍊個體技藝和群體協作的功能。總之，它嚴格組織了人的行為，使之有秩序、程式、方向。如 Clifford Geertz 所指出，「沒有文化模式，即有意義的符號組織系統的指引，人的行為就不可控制，就將是一堆無效行動和狂暴情感的混雜物，他的經驗也是模糊不清的」 3 。文化給人類的生存、生活、意識以符號的形式，將原始的混沌經驗秩序化、形式化。開始時，它是集宗教、道德、科學、政治、藝術於一身的整體。已有「審美」於其中矣，然而猶未也。因為此「審美」仍然混雜在維繫人群生存的巫術活動的整體之中，它具有社會集體的理性性質，儘管最初似乎是以非理性的形式呈現出來。

但是，又有個體情感於其中。你看，那狂熱的舞蹈，那神奇的儀容，不有著非常強烈的情緒激動嗎？那歡歌、踊躍、狂呼、咒語，不有著非常強烈的本能宣洩嗎？它由個體身心來全部參與和承擔，具有個體全身心感性的充分展露。

動物有遊戲，遊戲對於某些動物是鍛鍊肢體、維護生存的本能手段；遠古先民這些圖騰舞蹈、巫術禮儀不也可以說是人類的

---

3 Clifford Geertz, *The Interpretation of Cultures*, New York, 1973, p. 46.

遊戲嗎？如果用社會生物學的觀點，這兩者幾乎可以沒有區別。
但是，從實踐哲學的理論看，第一，人的這種「遊戲」，是以使用
製造工具的物質生產活動為其根本基礎[4]。第二，它是一種系統
性的符號活動，而不是條件反射或信號活動。這兩點使它在實質
上與動物的遊戲區分開來。這種符號性的文化活動是現實活動，
即群體協同的物質（身體）活動；但它的內容卻是觀念性的，它
不像生產活動那樣直接生產物質的產品（獵物、農作物），它客觀
上主要作用於人們的觀念和意識，生產想像的產品（想像獵物的
中箭、作物的豐收等等）。這種群體活動作為程式、秩序的規範
性、交往性，使參加者的個體在意識上從而在存在上日益被組織
在一種超生物族類的文化社會中，使動物性的身體活動（如遊戲）
和動物性的心理形式（如各種情感）具有了超動物性的「社會」
內容，從而使人（人類與個體）作為本體的存在與動物界有了真
正的區分，這即是說，在製造、使用工具的工藝——社會結構基
礎上，形成了「文化心理結構」[5]。

　　這種作為原始文化的圖騰歌舞、巫術禮儀延續了一個非常長
的歷史時期。由出土的歷史遺存物看，從那原始陶盆的舞蹈形象
到殷周青銅鼎的動物紋樣，像那口含人頭表示 「地天通」 的饕
餮[6]，就都與這種活動有關。從文獻看，也如此：

---

4 參看拙作 《批判哲學的批判——康德述評》，人民出版社，北京，
　1984 年。

5 同上。

舞的初文是巫。在甲骨文中，舞、巫兩字都寫作，因此知道巫與舞原是同一個字[7]。

甲骨文中有多老舞字樣（《殷墟書契前編》）。據史家考證認為，多老可能是巫師的名字[8]。

卜辭中有不少關於求雨舞的記載。雩是求雨的專字，也就是後來的雩字……。《周禮・司巫》載，若國大旱，則師巫而舞雩[9]。

《周禮》關於「舞」的記載確乎非常之多，如《周禮・春官宗伯》:「……以樂舞教國子，舞雲門、大卷、大咸、大磬、大夏、大護、大武。以六律、六同、五聲、八音、六舞大合樂以致鬼神示，以和邦國，以諧萬民，以安賓客，以說遠人，以作動物。」

《尚書》有「擊石拊石，百獸率舞」(〈益稷〉)「敢有恆舞於宮，酣歌於室，時謂巫風」(〈伊訓〉)等等記述。《呂氏春秋》記載說:「昔葛天氏之民，二人舞牛尾，投足而歌八闕」。儘管像《周禮》是時代較晚的典籍文獻，但它們所記載描述的，卻可信是相當久遠的歷史真實[10]。這些記載都說明群體性的圖騰舞蹈、巫術禮儀不但由來古遠，而且綿延至久，具有多種具體形式，後來並有專職人員（「巫」、「樂師」等）來率領和教導。「巫」，據《說

6 參看 K. C. Chang, *Art, Myth and Ritual*, Harvard University Press, 1983。

7 常任俠:《中國舞蹈史話》，上海文藝出版社，1983 年，第 12 頁。

8 《中國古代舞蹈史話》，人民音樂出版社，北京，1980 年，第 8 頁。

9 同上書，第 9 頁。

10 參看楊寬《古史新探》，中華書局，北京，1964 年。

文》，便是「能事無形，以舞降神也，像人兩袤舞形」。這是以祭
祀為主要核心的有組織的群體性原始文化活動。關於這種活動的
內容、形式、種類、具體源起和演變，屬於文化人類學或藝術社
會學的範圍，不在這裡討論之列。

　　哲學美學感興趣的仍在於：由個體身心直接參與，具有生物
學基礎的動物遊戲本能，如何能與上述這種社會性文化意識、觀
念相交溶滲透，亦即是個人身心的感性形式與社會文化的理論內
容，亦即「自然性」與「社會性」如何相交溶滲透。Schiller 等人
早講過所謂感性的人、理性的人以及感性衝動、形式衝動等等，
但問題在於如何歷史具體地來解說這兩者（感性與理性、自然與
社會、個體與群體）的統一。

　　我以為，正是在原始的圖騰舞蹈中，清楚地顯示了這兩者交
叉會合的最初形式。原始的圖騰舞蹈把各個本來分散的個體的感
性存在和感性活動，有意識地緊密連成一片，溶為一體，它喚起、
培育、訓練了集體性、秩序性在行為中和觀念中的建立，同時這
也就是對個體性的情感、觀念等等的規範化。而所有這些，又都
是與對虛構的神靈世界的法術支配或崇拜想像聯在一起的。其中
既包含智力活動的萌芽，同時卻又更是本能情感的抒發和宣泄。
Susanne Langer 說：「舞蹈是原始生活最為嚴肅的智力活動，它是
人類超越自己動物性存在那一瞬間對世界的觀照，也是人類第一
次把生命看作一個整體──連續的、超越個人生命的整體」[11]。

---

11 蘇珊・朗格：《情感與形式》，中國社會科學出版社，北京，1986 年，第

「在舞蹈的沈迷中，人們跨過了現實世界與另一個世界的鴻溝，走向了魔鬼、精靈與上帝的世界」[12]。在如醉如狂、熱烈激盪的圖騰歌舞中，在神祕的巫術禮儀的面罩下，動物性的本能遊戲、自然感官和生理感情的興奮宣泄與社會性的要求、規範、規定，開始混同交融，彼此制約，難分難解。這裡有著個體身心的自然性、動物性的顯示、抒發、宣泄，然而就在同時，這種自然性、動物性卻正在開始「人化」：動物性的心理由社會文化因素的滲入，轉化而成為人的心理；各種人的心理功能——想像、認識、理解等智力活動在產生，在萌芽，在發展，並且與原有的動物性的心理功能如感知、情感在聯繫，在交融，在組成，在混合。而這一切，比在直接的物質生產活動（狩獵、採集、栽培……）中，要遠為集中、強烈、充分、自覺。因為巫術圖騰活動把在現實生產活動中和生活活動中各種分散的、零碎的、個別的事例、過程、因素集中地組織、構造起來了。所以，巫術禮儀和圖騰活動在培育、發展人的心理功能方面，比物質生產勞動更為重要和直接。圖騰歌舞、巫術禮儀是人類最早的精神文明和符號生產。

這個精神文明、符號生產，如前所述，當然不只是審美。但是，它有審美的因素和方面。這個所謂審美的因素和方面，就是感知愉快和情感宣泄的人化，亦即動物性的愉快（官能感受愉快和情感宣泄愉快）的社會化、文化化。不同於外在行動規律的理

217 頁。

12 同上書，第 218 頁。

性的內化（如邏輯觀念）[13]，也不同於群體目的要求的理性的凝聚（從原始禁忌到道德律令）[14]，審美是社會性的東西（觀念、理想、意義、狀態）向諸心理功能特別是情感和感知的積澱。這裡，便恰巧與「羊大則美」涵義，即《說文解字》訓「美」為「味甘」（好吃）相聯繫起來了。

　　從人類審美意識的歷史發展來看，最初對與實用功利和道德上的善不同的美的感受，是和味、聲、色所引起的感官上的快適分不開的。其中，味覺的快感在後世雖然不再被歸入嚴格意義的美感之內，但在開始卻同人類審美意識的發展密切相關。這從字源學上也可以清楚地看到。如德文的 Geschmack 一詞，既有審美、鑒賞的涵義，也有口味、味道的涵義。英文 taste 一詞也是這樣。……在中國，美這個字也是同味覺的快感聯繫在一起的。西漢以後的中國文藝理論批評的許多著作，如鍾嶸和司空圖關於詩歌的著作，還常常將「味」同藝術鑒賞相連。「味」同人類早期審美意識的發展有如此密切的關係，並一直影響到今後，決不是偶然的。根本的原因在於味覺的快感中已包含了美感的萌芽，顯示了美感所具有的一些不同於科學認識或道德判斷的重要特徵。首先，味覺的快感是直接或直覺的，而非理智的思考。其次，它已具有超出功利欲望滿足的特點，不僅僅要求吃飽肚子而已。最後，

---

13 參看拙作《我的哲學提綱・關於主體性的補充說明》。

14 同上。

它同個體的愛好興趣密切相關。這些原因，使得人類最初從味覺的快感中感受到了一種和科學的認識、實用功利的滿足以及道德的考慮很不相同的東西，把「味」與「美」聯繫在一起。[15]

　　飢餓的人常常不知食物的滋味，食物對他（她）只是填飽肚子的對象，只有當人能講究、追求食物的味道，正如他們講究、追求衣飾的色彩、式樣而不是為了蔽體禦寒一樣，才表明在滿足生理需要的基礎上已開始萌發出更多一點的東西。這個「更多一點的東西」固然仍緊密與自然生理需要聯在一起，但是比較起來，它們比生理基本需要卻已表現出更多接受了社會文化意識的滲入

---

15 李澤厚、劉綱紀：《中國美學史》第 1 卷，第 79～81 頁。關於後世以
　「味」來作為文藝品評的極多，略舉一二：
　　　葛洪：「五味外而並甘，眾色乖而皆麗」《抱朴子外篇・辭義》
　　　陸機：「闕大美之遺味……，固既雅而不艷」〈文賦〉
　　　劉勰：「餘味曲包」《文心雕龍・隱秀》
　　　鍾嶸：「五言居文詞之要，是眾作之有滋味者也」〈詩品序〉
　　　司空圖：「辨於味而後言詩」、「知其酸鹹之外」、「味外之旨」〈與李
　　　生論詩書〉
　　　歐陽修：「近詩尤古硬，咀嚼苦難嗍，又如食橄欖，真味久愈在」
　　　《六一詩話》
　　　蘇軾：「鹹酸雜眾好，中有至味永」〈送參寥師〉
　　　嚴羽：「讀騷之久，方識真味」《滄浪詩話》至明、清，如謝榛、
　　　胡應麟、王世貞、葉燮、王士禎、袁枚、劉熙載諸批評大家講「味」
　　　亦不絕。

和融合。例如，據說原始民族喜歡強烈的色調如紅、黃之類，這一方面固然可能與他們的自然感官的感受能力有關，但這種生理感受由於與血、火這種對當時群體生活有突出意義的社會意識交織融合在一起，使原始人的這種感受不自覺地積澱了新的內容，而不止是純動物性的反應了。自然的感性的形式開始滲入了社會（文化）的意義和內容。「……原始人群之所以染紅穿帶、撒抹紅粉，已不是對鮮明奪目的紅顏色的動物性的生理反應，而開始有其社會性的巫術禮儀的符號意義在。也就是說，紅色本身在想像中被賦予了人類（社會）獨有的符號象徵的觀念涵義，從而，它（紅色）訴諸當時原始人群的便不只是感官愉快，而是其中參與了、儲存了特定的觀念意義了。在對象一方，自然形式（紅的色彩）裡已經積澱了社會內容；在主體一方，官能感受（對紅色的感覺愉快）中已積澱了觀念性的想像、理解。」[16] 與感官直接相連的各種自然形式的色彩、聲音、滋味（洛克所謂的事物的「第二性質」），就這樣開始了「人化」。

如果說，前面解「羊人為美」為圖騰舞蹈時，著重講的是社會性的建立規範和它向自然感性的沈積，那麼，這裡講「羊大則美」為味甘好吃時，著重講的便是自然性的塑造陶冶和它向人的生成。就前者說，是理性存積在非理性（感性）中；就後者說，是感性中有超感性（理性）。它們從不同角度表現了同一事實，即「積澱」。「積澱」在這裡是指人的內在自然（五官身心）的人化，

---

16 拙作《美的歷程》第 1 章，文物出版社，北京，1981 年。

它即是人的「文化心理結構」的逐漸形成。

　　我非常欣賞和贊同 C. Geertz 的一些看法。他曾強調指出文化模式對形成人和所謂「人性」具有的決定性的作用，指出生理因素與文化因素的交融；後者給予前者以確定的形式，並促進前者的形成和發展等等[17]。我與 C. Geertz 相區別的一點是，我特別重視而 C. Geertz 似未注意「使用——製造物質工具以進行生產」這一根本活動在形成人類——文化——人性中的基礎位置。因這問題不屬本書範圍，這裡便不討論了。

　　如前所交代，這個自然身心的「人化」過程和人類的文化心理結構的形成，是一個異常漫長的歷史行程。它反映到歷史材料和理論意識上，已經相當之晚。從中國文獻說，春秋時代大量的關於「五味」、「五色」、「五聲」的論述，可以看作是這種成果的理論記錄。因為把味、聲、色分辨、區別為五類，並與各種社會性的內容、因素相聯繫相包容，實際是在理論上去建立和論證感性與理性、自然與社會的統一結構，這具有很重要的哲學意義。「五行的起源看來很早，卜辭中有五方（東南西北中）觀念和『五臣』字句；傳說殷周之際的〈洪範・九疇〉中有五材（水火金木土）的規定。到春秋時，五味（酸苦甘辛鹹）、五色（青赤黃白黑）、五聲（角徵宮商羽）以及五則（天地民時神）、五星、五神等等已經普遍流行。人們已開始以五為數，把各種天文、地理、曆算、氣候、形體、生死、等級、官制、服飾……，種種天上人

---

17 參看 C. Geertz, *The Interpretation of Cultures*, ch. 1、2。

間所接觸到、觀察到、經驗到並擴而充之到不能接觸、觀察、經驗到的對象，以及社會、政治、生活、個體生命的理想與現實，統統納入一個齊整的圖式中。……這個五行宇宙圖式本身就包含有理性和非理性兩方面的內容……」[18]。

從美學看，這種宇宙（天）──人類（人）統一系統的意義就在，它強調了自然感官的享受愉快與社會文化的功能作用的交融統一，亦即上述「羊大則美」與「羊人為美」的統一。在孔、孟、荀這些中國古代大哲人那裡，便經常把味、色、聲連在一起來講人的愉快享受，如：

> 子在齊聞韶，三月不知肉味，曰不知為樂之至於斯也。[19]
>
> 口之於味也，有同嗜焉；耳之於聲也，有同聽焉；目之於色也，有同美焉。[20]
>
> 故人之情，口好味而臭味莫美焉，耳好聲而聲樂莫大焉，目好色而文章致繁，婦女莫眾焉……。[21]

儘管這裡面有許多混雜，例如把生理欲求、社會意識和審美愉悅混在一起，但有一點似乎很清楚，這就是中國古人講的

---

18 拙著《中國古代思想史論》，人民出版社，北京，1985 年，第 159～160 頁。

19《論語・述而》。

20《孟子・告子上》。

21《荀子・王霸》。

「美」——美的對象和審美的感受是不離開感性的；總注意美的感性的本質特徵，而不把它歸結於或統屬於在純抽象的思辨範疇或理性觀念之下。華夏美學沒有 Plato 的理式論而倒更接近於西方近代的 Aesthetics（感覺學，關於感性的學問）。

這也表明，從一開始，中國傳統關於美和審美的意識便不是禁欲主義的。它不但不排斥而且包容、肯定、讚賞這種感性——味、聲、色（包括顏色和女色）的快樂，認為這是「人情之常」，是「天下之所同嗜」。

但是，另一方面，對這種快樂的肯定又不是酒神型的狂放，它不是縱欲主義的。恰好相反，它總要求用社會的規定、制度、禮儀去引導、規範、塑造、建構。它強調節制狂暴的感性，強調感性中的理性，自然性中的社會性。儒家所謂「發乎情止乎禮義」，就來源於此，來源於追求「羊大則美」與「羊人為美」、感性與理性、自然與社會相交融統一的遠古傳統。它終於構成後世儒家美學的一個根本主題。這個主題是經過原始圖騰巫術活動演進為「禮」、「樂」之後，才在理論上被突出和明確的。

 ## 「樂從和」：情感與形式

遠古圖騰歌舞、巫術禮儀的進一步完備和分化，就是所謂

「禮」、「樂」。它們的系統化的完成大概在殷周鼎革之際。「周公制禮作樂」的傳統說法是有根據的。周公旦總結地繼承、完善從而系統地建立了一整套有關「禮」、「樂」的固定制度。王國維〈殷周制度論〉強調殷周之際變革的重要性，其中主要便是周公確立嫡長制、分封制、祭祀制即系統地建立起「禮制」，這在中國歷史上確具有劃時代的意義。近卅年的許多論著常僅從一般社會形態著眼，忽視了古代「禮制」建立這一重要史實。其實，孔子和儒家之所以極力推崇周公，後代則以周、孔並稱，都與此有關，即周公是「禮樂」的主要制定者，孔子是「禮樂」的堅決維護者。

「禮」、「樂」都與美學相關聯。

首先是「禮」。「禮」在當時大概是一套從祭祀到起居、從軍事、政治到日常生活的制度等禮儀的總稱。實際上就是未成文的法，是遠古氏族、部落要求個體成員所必須遵循、執行的行為規範。從而，它的基本特點便是從外在行為、活動、動作、儀表上對個體所作出的強制性的要求、限定和管理，通過這種對個體的約束、制限，以維護和保證群體組織的秩序和穩定。這種「禮」到殷周，最主要的內容和目的便在於維護已有了尊卑長幼等級制的統治秩序，即孔子所謂的「君君臣臣父父子子」。每個個體以其遵循的行為、動作、儀式來標誌和履行其特定的社會地位、職能、權利、義務。今天也許奇怪寫定於漢代的儒家經典《儀禮》一書為何那樣細密繁瑣，從祭祀婚喪到〈士相見禮〉，有各種位置、次序、動作甚至一舉手一投足的非常細緻的明確規定。儘管可能滲入了後世某些理想成分，但我認為，出現在漢代的三禮（《儀禮》、

《周禮》、《禮記》）的主要部分正是保留了許多自上古至殷周的所謂「禮制」──即以祭祀活動為核心的圖騰活動、巫術禮儀等具體制度和規範，它們正是自上古到殷周的某些「禮制」的具體遺跡。如果參閱現代學者關於文化人類學的研究論著，便可知道各原始民族都曾有過與《儀禮》類似的那種種嚴格細密的巫術禮儀的程式[22]。

　　古代文獻關於「禮」的大量描述論敘，從不同方面都反映出「禮」並不是儒家空想的理想制度（如某些論著所以為），而是一個久遠的歷史系統。從孔子起的儒家正是這一歷史傳統的承繼者、維護者、解釋者。

　　在這一意義上，Herbert Fingarette 的說法有其正確性。他強調孔子的中心思想是「禮」，「禮」是「神聖的儀式」，具有巫術(magic)性質，正是「禮」培育出人性，是人性的根源[23]。H. Fingarette 強調孔子不是從個體、從內心出發，而是從這種超個體並塑造個體的生活規範──「禮」出發，「最高價值是據道依仁的生活，而非個體存在」[24]。H. Fingarette 說法的價值在於點出了儒家思想具有巫術禮儀的根源這一歷史真實。Benjamin Schwartz 不同意 H. Fingarette 的看法，但他也指出，商以鬼神為先，而周置

22 如 Ruth Benedict, *Patterns of Culture*, ch. 4、5、6。

23 Herbert Fingarette, *Confucius: The Secular as Sacred*, New York, 1972.

24 H. Fingarette, "The Music of Humanity in the Conversation of Confucius," *Journal of Chinese Philosophy*, 1983, p. 333.

「禮」於首位,並以印度宗教演進為例,說明敬神的儀式逐漸比神本身還重要[25]。這也意味著,「禮」的過程本身具有至高無上的作用,正是「禮」本身直接塑造、培育著人,人們在「禮」中使自己自覺脫離動物界。所以,似乎是規範日常生活的「禮」,卻具有神聖的意義和崇高的位置。C. Geertz 曾根據原始民族的爪哇材料說:「作為人不只是呼吸而已,而是要以一定技術來控制自己的呼吸,以便在呼吸中聽到神的名字……」[26]。儒家的「禮」也有這種原始根源,即在規範了的世俗生活中去展示神聖的意義。

「禮」既然是在行為活動中的一整套的秩序規範,也就存在著儀容、動作、程式等感性形式方面。這方面與「美」有關。所謂「習禮」,其中就包括對各種動作、行為、表情、言語、服飾、色彩等一系列感性秩序的建立和要求。像《論語·鄉黨》裡描寫孔子那樣,「孔子於鄉黨,恂恂如也,似不能言者。其在宗廟朝廷,便便言,唯謹爾。朝與下大夫言,侃侃如也;與上大夫言,誾誾如也」;「立不中門,行不履閾」;「君子不以紺緅飾,紅紫不以為褻服」等等。這些都屬於「禮」,屬於那「神聖的儀式」。這「禮」的社會功能在於維護上下尊卑的統治體制,其文化形式則表現為個體的感性行為、動作、言語、情感都嚴格遵循一定的規範和程序,像 C. Geertz 所說的某些原始民族控制呼吸那樣。這即

---

25 Benjamin I. Schwartz, *The World of Thought in Ancient China*, Harvard University Press, 1986, pp. 49～50.

26 參看 C. Geertz, *The Interpretation of Cultures*, p. 53。

是所謂「知禮」。《左傳‧昭公 25 年》說：「故人之能自曲直以赴禮者，謂之成人」。《論語》說：「立於禮」。這些都是說，人必須經過「禮」的各種訓練，人只有在「禮」中才能建立為人，以獲得人性。這種人性實際即是原始群體、氏族、部族所歷史具體地要求的社會性。古人所謂「禮以行之」，所謂「非禮勿視，非禮勿聽，所禮勿言，非禮勿動」，在當時，是具有嚴重的或神聖的意義的。它們都說明，「禮」是要求去直接約束、主宰、控制個體的感性行為、活動、言語和感官感受的。

這裡，重要的是，具有「神聖」性能的「禮」在主宰、規範、制約人的行為、動作、言語、儀容等人的各種身體活動和外在方面的同時，便對人的內在心理（情感、理解、想像、意念）起著巨大作用。《左傳》那段非常著名的對「禮」的說明，可以證實這一點，其全文如下：

子大叔見趙簡子。簡子問揖讓周旋之禮焉。對曰：「是儀也，非禮也」。簡子曰：「敢問何謂禮」。對曰：「吉也聞諸先大夫子產曰，夫禮，天之經也，地之義也，民之行也。天地之經，而民實則之，則天之明，因地之性，生其六氣，用其五行，氣為五味，發為五色，章為五聲，淫則昏亂，民失其性。是故為禮以奉之。為六畜、五牲、三犧，以奉五味；為九文、六采、五章，以奉五色；為九歌、八風、七音、六律，以奉五聲；為君臣、上下，以則地義；為夫婦、外內，以經二物；為父子、兄弟、姑姊、甥舅、昏媾、姻亞，以象天明；為政事、庸力、行務，以從四時；為刑

罰、威獄，使民畏忌，以類其震曜殺戮；為溫慈、惠和，以效天
之生殖長育。民有好惡喜怒哀樂，生於六氣。是故審則宜類，以
制六志。哀有哭泣，樂有歌舞，喜有施舍，怒有戰鬥。喜生於好，
怒生於惡。是故審行信令，禍福賞罰，以制死生。生，好物也。
死，惡物也。好物，樂也。惡物，哀也。哀樂不失，乃能協於天
地之性，是以長久」。簡子曰：「甚哉，禮之大也」。對曰：「禮，
上下之紀，天地之經緯也，民之所以生也。是以先王尚之。故人
之能自曲直以赴禮者，謂之成人。大，不亦宜乎。」簡子曰：「鞅
也請終身守此言也。」[27]

　　這說明，「禮」不只是「儀」而已，它是上節講過的由原始巫
術而來的那宇宙（天）——社會（人）的統一體的各種制度、秩
序、規範，其中便包括對與生死聯繫著的人的喜怒哀樂的情感心
理的規範。杜預注說，「為禮以制好惡喜怒哀樂六志，使不過節」。
孔穎達疏說，「此六志，《禮記》謂之六情。在己為情，情動為志，
情、志一也」。《禮記・中庸》說，「喜怒哀樂之未發，謂之中；發
而皆中節，謂之和」。「發而皆中節」與杜注的「使不過節」是一
個意思，都是指人的各種情感心理也必需接受「禮」的規範、要
求、塑造。《中庸》被稱為子思的作品，這一點很少為今人所相
信，但它作為儒家重要經典的地位卻無可懷疑。《中庸》把人的情
感心理的「發而皆中節」提到遠遠超過「禮」的一般解釋的哲學

---

27 《左傳・昭公25年》。

高度，它所突出的正是人的內在本性和個體修養。它「完全以人的意識修養為中心，主要是對內在人性心靈的形而上的發掘」[28]。「從而君臣父子夫婦兄弟朋友的外在社會的倫常秩序（『五達道』）反過來必須依賴於內在的『知、仁、勇』（『三達德』）的主觀意識修養才能建立和存在」[29]。與孔子引「禮」歸「仁」的基本觀點一致，儒家明顯地發展了「禮」與內在心理的重要關係，強調後者是根本，是基礎。這是一種並不符合歷史真實的解釋，卻成為一個具有重大理論意義的創造性的「突破」(break-through)（詳下章）。

現代新儒家梁漱溟、馮友蘭也注意「禮」與人的心理情感的聯繫和從而具有的功能、價值。馮友蘭指出，儒家崇奉的「禮」，實際上是表達主觀情感的「詩」和「藝術」：「儒家對於祭祀之理論，亦全就主觀情感方面立言，祭祀之本意，依儒家之眼光觀之，亦只以求情感之慰安」[30]。「儒家所宣傳的喪禮祭禮，是詩與藝術而非宗教」[31]。馮友蘭論證喪禮、祭禮（「禮」的首要部分）與表達、宣泄、滿足人的感情，服務於人類作為生物群體存在有關。所以它才不是偏重於靈魂超脫的宗教，而是與感性存在密切相關的「藝術」。梁漱溟說：「人類遠高於動物者，不徒在其長於理智，

---

28 拙著《中國古代思想史論》第 4 章。

29 同上。

30 《三松堂學術文集》，北京大學出版社，1984 年，第 139 頁。

31 同上書，第 136 頁。

更在其富於情感。情感動於衷而形著於外，斯則禮樂儀文之所以出，而為其內容本質者。儒家極重禮樂儀文，蓋謂其能從外而內，以誘發涵養乎情感也。必情感敦厚深醇，有發抒，有節蓄，喜怒哀樂不失中和，而後人生意味綿永，乃自然穩定」[32]。

這些說法雖然都不是真正的歷史解釋，它們卻正確提出了「禮」與心理情感是有重要關聯的。但是，「禮」無論如何又總是從外面來的規範、約束的秩序，它與人作為血肉身心之軀的個體自然性的關係，實際上經常處在一種對峙的狀態中，即「禮」對人的身心的塑造和作用是從外面硬加上來的，是一種強制性的規定、制度，它與人的自然性的感官感受和情欲宣泄並沒有直接的必然聯繫。特別是當「禮」一方面在內容上的逐漸演化成為特定的法規、制度，另方面在形式上又日漸淪為純粹的外表、儀容的時候，它與人的內在心理情感的聯繫就更為稀疏甚至脫節了。從而，本來將理性、社會性交融在感性、自然性之中的原始的巫術圖騰活動，發展定型為各種禮制之後，這個交融的方面便不得不由與「禮」並行的「樂」來承擔了。所以，一方面對「禮」的規定解釋還是無所不包，如上面引述的《左傳》；但另方面，「禮」「樂」並提，又顯示它們二者確實有所分化和分工。

「樂」本字，甲文作 ，據最近有人考證，原意大概是穀物成熟結穗，與人對農作物的收穫和喜慶有關，然後引申為喜悅感

---

32 〈儒佛異同論〉，見《中國文化與中國哲學》第 1 輯，東方出版社，北京，1986 年，第 441 頁。

奮的心理情感[33]。《說文》說：「樂，五聲八音總名，像鼓鞞木虞也」，後世對「樂」字作樂器的解說也相當流行。從出土文物看，中國上古的樂器的確已相當完善發達，1978年出土的湖北隨縣曾侯乙墓編鐘距今2400年，能演奏複雜的樂曲。從演進程度看，可知樂器起源極早。文獻上則有更多的古老傳說。例如：「故樂之所由來者尚矣，非獨為一世之所造也」[34]。「昔葛天氏之樂，……昔陶唐氏……作為舞以宣導之。昔黃帝令伶倫作為律……，帝嚳命咸黑作為聲歌九招六列六英……。」[35]《周禮》中多有「乃奏黃鐘，歌大呂，舞雲門以祀天神，乃奏大蔟，歌應神，舞戚池以祭地祇」[36]等等記載，都表明「樂」與舞、歌聯在一起，是以祭祀——祭祖先神靈為核心或主要內容的。這與「禮」本來就是同一回事。「制禮作樂」本也是同時進行的。但「禮樂」相提並論，畢竟表現了二者既統一又分化、既合作又分工的特徵。這在後來某些文獻中，就表達得異常明確了。《禮記・樂記》和荀子〈樂論〉都說「樂由中出，禮自外作。」「樂統同，禮辨異。」「樂者，天地之和也；禮者，天地之序也。和，故萬物諧化；序，故群物皆別。」「禮義立，則貴賤等矣；樂文同，則上下和矣。」「樂極和，禮極順，內和而外順。」「樂也者，情之不可變者也；禮也

---

33 修海林：〈樂之初義及其歷史沿革〉，《人民音樂》1986年第3期。

34 《呂氏春秋・仲夏紀》。

35 同上。

36 《周禮・春官宗伯・大司樂》。

者，理之不可易者也。」「致樂以治心」，「治禮以治躬」等等，異常明確地指明：與「禮」從外在方面來規範不同，「樂」只有直接訴諸人的內在的「心」、「情」，才能與「禮」相輔相成。而「樂」的特點在於「和」，即「樂從和」。「樂」為什麼要「從和」呢？因為「樂」與「禮」在基本目的上是一致或相通的，都在維護、鞏固群體既定秩序的和諧穩定。

是故先王之制禮樂也，非以極口腹耳目之欲也，將以教民平好惡，而反人道之正也。[37] 律小大之稱，比終始之序，以象事行，使親疏貴賤長幼男女之理，皆形見於樂。[38]

具體一點說：

是故樂在宗廟之中，君臣上下同聽之，則莫不和敬；在族長鄉里之中，長幼同聽之，則莫不和順；在閨門之內，父子兄弟同聽之，則莫不和親。故樂者，……所以合父子君臣，附親萬民也，是先王立樂之方也。[39]

這就是「樂從和」第一層涵義。這一層涵義與「禮」是相一

---

37 《禮記·樂記》。

38 同上。

39 同上。

致的。第二,「樂」與「禮」之不同在於,它是通過群體情感上的
交流、協同和和諧,以取得上述效果。從而,它不是外在的強制,
而是內在的引導;它不是與自然性、感性相對峙或敵對,不是從
外面來主宰、約束感性、自然性的理性和社會性,而是就在感性、
自然性中來建立起理性、社會性。從而,以「自然的人化」角度
來看,「樂」比「禮」就更為直接和關鍵。「樂」是作為通過陶冶
性情、塑造情感以建立內在人性,來與「禮」協同一致地達到維
繫社會的和諧秩序。「樂從和」的第三層涵義是,它追求的不僅是
人際關係中的上下長幼、尊卑秩序的「和」(「上下和」),而且還
是天地神鬼與人間世界的「和」(「天地和」)。「樂」既本來源於祭
祀,而又效用於人際,所以它所追求的不僅是人間關係的協同一
致,而且是天人關係的協同一致。而所有這種人際——天人的
「和」,又都是通過個體心理的情感官能感受(音樂是直接訴諸官
能和情感的)的「和」(愉快)而實現的。

那麼怎樣才能做到這一點呢?「樂」如何能使人際和天人相和
諧一致以表現這第二、三層涵義呢?

如果去掉古代所不可避免的神祕解釋,其關鍵就在:要把
(一)音樂(以及舞蹈、詩歌)的節律與(二)自然界事物的運
動和(三)人的身心的情感和節奏韻律相對照呼應,以組織、構
造一個相互感應的同構系統。如前所指出,在以五行為核心的宇
宙觀盛行的春秋戰國以至漢代,味、色、聲便都被區分為「五」
而構造出一個相互對應的宇宙——人際的結構系統。其中,第一,
指出了「和實生物,同則不繼」,「聲一無聽,物一無文,味一無

果」[40]，即是說，單一不能構成「和」，「和」必須是多樣性的統
一。第二，這種統一特別表現為對立因素的「相濟」：「先王之濟
五味，和五聲也，以平其心，成其政也。聲亦如味……清濁、小
大、短長、疾徐、哀樂、剛柔、遲速、高下、出入、周疏，以相
濟也。君子聽之，以平其心，心平德和」[41]。可見，所謂「和」
主要表現為多樣性的「相雜」和對立項的「相濟」。整個世界、事
物、社會以及人的情感本身就是多樣的矛盾統一體，「樂」也應該
如此。音樂的「和」與人際的「和」、宇宙的「和」便是這樣同構
一致，才能相互感應的。從而，音樂的「和」被誇揚為能使「氣
無滯陰，亦無散陽，陰陽序次，風雨時至，嘉生繁祉，人民和
利……神是以寧，民是以聽」[42]。這固然仍是圖騰巫術通神人的
觀念遺存；但也表達了音樂應該與整個宇宙和人際關係的合規律
性相一致的重要思想。所謂「政象樂，樂從和，和從平」[43]；「物
得其常曰樂極，極之所集曰聲，聲應相保曰和，細大不逾曰
平」[44]，「樂」所追求的是社會秩序、人體身心、宇宙萬物相連繫
而感應地諧和存在，彼此都「適度」（「細大不逾」）地相互調節、
協同、溝通和均衡。這就是「平」，就是「和」。

　　既然「樂」是直接發自內心，源於情感，這種情感是由外物

---

40 《國語・鄭語》。

41 《左傳・昭公 20 年》。

42 《國語・周語下》。

43 同上。

44 同上。

而引起,是「感於物而動」的,那麼「樂」所追求的「和」,就必須與對情感的具體考察聯繫起來。因為所謂陶冶性情、塑造情感,也就是給情感以一定的形式。內在情感的形式不可見,可見的正是對應於這些情感的藝術的形式。於是關於「樂從和」的等等探討便落實到情感形式的尋求。S. Langer 曾以「情感的形式」來定義藝術,她指出這些形式不是個體的情感表現,而是一種普遍性的生命節律,所以它是一種非推論性的 「邏輯」,即情感的邏輯[45]。「音樂能夠通過自己動態結構的特長,來表現生命經驗的形式,而這點是極難用語言來傳達的。情感、生命、運動和情緒,組成了音樂的意義。……所有音樂理論的基本命題便都可以擴展到其他藝術領域。」[46]音樂以及整個藝術並不只是個體情感的自我表現,而是某種普遍性的情感形式,這一基本觀點與中國古代美學思想傳統是比較接近的。

中國古代的「禮樂傳統」對普遍性的情感形式作了某些雖原始卻具體的探討。例如:

其哀心感者,其聲噍以殺。其樂心感者,其聲嘽以緩。其喜心感者,其聲發以散。其怒心感者,其聲粗以厲。其敬心感者,其聲直以廉。其愛心感者,其聲和以柔。[47]

---

45 參看蘇珊・朗格《情感與形式》、《藝術問題》。

46 蘇珊・朗格:《情感與形式》,中國社會科學出版社,北京,1986 年,第 42 頁。

是故，志微噍殺之音作，而民思憂；嘽諧慢易、繁文簡節之音作，而民康樂；粗厲猛起、奮末廣賁之音作，而民剛毅；廉直勁正莊誠之音作，而民肅敬；寬裕肉好順成和動之音作，而民慈愛；流辟邪散狄成滌濫之音作，而民淫亂。[48]

寬而靜、柔而正者宜歌頌；廣大而靜、疏達而信者宜歌大雅；恭儉而好禮者宜歌小雅；正直而靜廉而謙者宜歌風；肆直而慈愛者宜歌商；溫良而能斷者宜歌齊。[49]

所有這些，都在指出一定的聲音、樂曲，一定的舞、歌、詩，與人一定的情感、性情相聯繫，這種聯繫有特定規律可循求。它們具有共同的普遍形式。通過各自不同的特定的樂、舞、歌、詩的藝術形式便可以呼喚起、表達出和作用於特定的不同的情感。這樣，樂、舞、歌、詩的各種不同的體裁、格調、模式、慣例，便正是各種不同的情感形式。從而，對情感的塑造陶冶，便具體地體現為對藝術形式的講求，亦即重視各種藝術形式如何對應於、作用於、符合於各種不同的情感性格。藝術形式具有物質外殼（聲音、姿態、言語、節律……），是可捉摸可確定的，情感則是至今還難以具體分析把握的對象。那麼，「樂從和」所講求身心、人際和天人的和諧，具體表現在情感形式的藝術（「樂」）上，又應該

47 《禮記‧樂記》。
48 同上。
49 同上。

是怎樣的標準尺度呢？這就是：

> 至矣哉！直而不倨，曲而不屈，邇而不偪，遠而不攜，遷而
> 不淫，復而不厭，哀而不愁，樂而不荒，用而不匱，廣而不宣，
> 施而不費，取而不貪，處而不底，行而不流。五聲和，八風平，
> 節有度，守有序，盛德之所同也。[50]

這是「A 而非 A±」即「中庸」的哲學尺度，即所謂「樂而不
淫，哀而不傷，怨而不怒」，亦即「溫柔敦厚」。也就是說，這個
標準尺度所要求的，是喜怒哀樂等內在情感都不可過分，過分既
有損於個體身心，也有損於社會穩定。音樂和各種藝術的價值、
功能就在去建造這樣一種普遍性的情感和諧的形式。所以，一方
面，「樂者，樂也，人情之所不能免也。樂必發於聲音，形於動
靜，人之道也⋯⋯故人不耐無樂」[51]。「耐」是古「能」字，即人
不能無樂，樂是人道、人性。另方面，「滿而不損則溢，盈而不持
則傾，凡作樂者所以節樂。」[52]《史記正義》解後一個「樂」字
說：「音洛，言不樂至荒淫也。」也就是說，人需要樂（快樂、音
樂），但不能過分。「夫物之感人無窮，而人之好惡無節，則是物
至而人化物者也，人化物也者，滅天理而窮人欲者也⋯⋯此大亂

---

50 《左傳・襄公 29 年》。

51 《禮記・樂記》。

52 《史記・樂書》。

之道也，是故先王之制禮樂，人為之節。」[53] 具體地說，則是「使其曲直、繁瘠、廉肉、節奏足以感動人之善心而已矣，不使放心邪氣得接焉，是先王之樂之方也。」[54] 總之，「以道制欲則樂而不亂，以欲忘道則惑而不樂」[55]，這就是作為藝術的樂曲與作為情感的快樂必須保持「和」的基本規範。這個「和」既是滿足「人之所不免」的快樂要求，同時又是節制它的。這兩者統一於通過「和」的標準，來塑造、陶冶人的感情。所以，從一開始，華夏美學便排斥了各種過分強烈的哀傷、憤怒、憂愁、歡悅和種種反理性的情欲的展現，甚至也沒有像亞里士多德那種具有宗教性的情感洗滌特點的宣洩——淨化理論。中國古代所追求的是情感符合現實身心和社會群體的和諧協同，排斥偏離和破壞這一標準的任何情感（快樂）和藝術（樂曲）。音樂是為了從內心建立和塑造這種普遍性的情感形式，這也就是「樂從和」的美學根本特點。儘管〈樂記〉是儒家典籍，但它記述的這些要求和事實，卻是上古「禮樂傳統」的真實。

Ruth Benedict 曾依據一些原始民族的調查研究認為，從一開始，文化就有酒神型和日神型的類型差異。日神型的原始文化講求節制、冷靜、理智、不求幻覺，酒神型則癲狂、自虐、追求恐怖、漫無節制……，它們各有其表達情感的特定方式，而世代相

---

53 《禮記‧樂記》。

54 同上。

55 同上。

沿,形成傳統[56]。這一理論是否準確,非屬本書範圍。但對了解
中國古代的「禮樂」傳統卻仍有參考價值。很明顯,即使不說「禮
樂」傳統是日神型,但至少它不是酒神型的。Max Weber 也講過
這一點。它是一種非酒神型的原始文化。朱熹解說《詩經》時曾
說:「……且如〈蟋蟀〉一篇,本其風俗勤儉,其民終歲勤勞,不
得少休,及歲之暮,方且相與燕樂,而又遽相戒曰日月其除,無
已太康,蓋謂今雖不可以不為樂,然不已過於樂乎?其憂深思遠
固如此」[57]。這相當有代表性。近人常說華夏民族精神的特徵為
所謂「憂患意識」。《易・繫辭》說「作易者,其有憂患乎」。從
「《詩》、《書》、《禮》、《樂》、《易》、《春秋》」所謂六經原典來看,
這種主冷靜反思,重視克制自己,排斥感性狂歡的非酒神類型的
文化特徵,是很早便形成了。

　　這是優點,也是缺點。這種優缺點不是某種理論、學說、思
想的優缺點,而是一種歷史的事實和傳統的存在。它是先於儒家
和儒學的。所以,對待它便不是簡單的肯定、否定或保存、拋棄,
而首先是予以自覺認識和重新解釋。概略說來,其優點方面是,
由於自覺地、堅決地排斥、抵制種種動物性本能欲求的氾濫,使
自然情欲的人化、社會化的特徵非常突出:情欲變成人際之間含
蓄的群體性的情感,官能感覺變成充滿人際關懷的細緻的社會感
受。從而情感和感受的細緻、微妙、含蓄、深遠,經常成為所謂

---

56 Ruth Benedict, *Patterns of Culture*.

57 《朱子語類》卷 80。

「一唱三嘆」,「餘意不盡」的中國藝術的特徵。所謂「嘆」即「和聲」,按朱熹的解釋,「嘆即和聲」,「一人倡之,三人和之,譬如今人輓歌之類」[58]。輓歌的問題,第四章還要談到。總之,通過「樂」(古代的詩與樂本不可分),使人的自然情感社會化了。〈樂記〉說:「樂由中出,禮自外作。樂由中出,故靜;禮自外作,故文」,即要求以「靜」、「文」來抑制動物性的本能衝動,以規範人的感情和動作。Freud 曾指出,現實原則戰勝快樂原則是文明進步的必要條件。華夏文明發達成熟得如此之早,恐怕與「禮樂」傳統的這一特點有關。

但是,另方面,這種人化的範圍又畢竟狹隘。現實原則對快樂原則的戰勝,「超我」的過早的強大出現,使個體的生命力量在長久壓抑中不能充分宣泄發揚,甚至在藝術中也如此。奔放的情欲、本能的衝動、強烈的激情、怨而怒、哀而傷、狂暴的歡樂、絕望的痛苦、能洗滌人心的苦難、虐殺、毀滅、悲劇,給人以醜、怪、惡等等難以接受的情感形式(藝術)便統統被排除了。情感被牢籠在、滿足在、錘煉在、建造在相對的平寧和諧的形式中。即使有所謂粗獷、豪放、拙重、瀟灑,也仍然脫不出這個「樂從和」的情感形式的大圈子。無怪乎現代的研究者要說:「用西方人的耳朵聽來,中國音樂似乎並沒有充分發揮出表情的效力,無論是快樂或是悲哀,都沒有發揮得淋漓盡致。」[59]「直到現在,中

58 同上。
59 項退結:《中國民族性研究》,臺灣商務印書館,臺北,1966 年,第

國民間歌曲多半還是用缺乏半音的五音調。……音樂心理學者認為半音產生緊張，而要求解除緊張，無半音的音樂則令人輕鬆安靜。」[60]「歌曲有一個基本的淒婉情調，像煞是離人遊子的思鄉情調。這種情調通常卻不以絕望的哀音出之，而用一種『半吞半吐』、『欲語還休』的態度。一般說來，我國音樂往往由淒婉的感受而轉變為樂天知命、和諧與自得其樂。我們的繪畫與抒情詩也有同樣的特質。」[61]

應該說，華夏藝術和美學的這些民族特徵，在實踐上和理論上都很早便開始了，它發源於遠古的「禮樂傳統」。

也正因為華夏藝術和美學是「樂」的傳統，是以直接塑造、陶冶、建造人化的情感為基礎和目標，而不是以再現世界圖景喚起人們的認識從而引動情感為基礎和目標，所以中國藝術和美學特別著重於提煉藝術的形式，而強烈反對各種自然主義。首先，音樂本來就要求有嚴格的形式規律──節奏、旋律、運動、結構，並且，音樂總有反覆。如孔夫子那樣，「子與人歌而善，必使反之，而後和之。」[62]詩歌也有所謂「一唱三嘆」，要反覆數次。後來，在任何藝術部類裡，華夏美學都強調形式的規律，注重傳統的慣例和模本，追求程式化、類型化，著意形式結構的井然有序

---

88 頁。

60 同上書，第 96 頁。

61 同上書，第 98 頁。

62 《論語・述而》。

和反覆鞏固。所有這些，都是為了提煉出美的純粹形式，以直接錘鍊和塑造人的情感。詩文中對格律、聲調、韻律的講求，書法、繪畫對筆墨（筆之輕重緩急，墨之濃淡乾濕等等）的高度重視以及山如何畫、水如何畫的程式規定，《周禮・考工記》對建築的要求，如雙軸對稱的「井」形構圖，都表明情感均衡的理性特色極為突出。甚至直到後世的浪漫風味的園林建築，也仍然有各種「路須曲折、山要高低」、「水要縈迴」等等規範。戲曲中的程式化、類型化、模本化，則更為人所熟知。

為什麼我們百聽不厭那已經十分熟悉了的唱腔？為什麼千百年來人們仍然愛寫七律、七絕？為什麼書法藝術歷時數千年至今綿綿不絕？……因為它們都是高度提煉了的、異常精粹的美的形式。這美的形式正是人化了的自然情感的形式。「禮樂」傳統就是為了建立這一形式。從哲學意義講，這個形式使人具有了一個心理的本體存在。人在這個本體中認同自己是屬於超生物性族類的普遍存在者。

也正因為以美的形式為塑造目標和標準尺度，忠實於描寫現實事物圖景的課題便毋寧處在外在的從屬位置。即使現實圖景的課題，也予以形式的美化。例如在京劇中，醉步也要美，百衲衣也要美……。而許多直接引動情感官能的過分刺激或憎惡的事物圖景，如流血創傷、死屍白骨、戰爭恐怖、苦難現實、強奸凶殺……，便經常被排斥在外或基本避開。民族精神（非酒神型）與藝術特徵（美）相應對照地表現了這一共同點。可見，華夏藝術和漢族人民追求「美」的習慣心理，是由來已久了。

　　這裡還想指出的是，把「再現」「表現」這兩個西方美學概念應用於華夏藝術和美學時，應該特別小心。現在許多論著幾乎異口同聲說，西方藝術重「再現」（模擬），中國藝術重「表現」（表情）[63]。這種說法其實是不準確的。如前所述，中國古代的「樂」主要並不在要求表現主觀內在的個體情感，它所強調的恰恰是要求呈現外在世界（從天地陰陽到政治人事）的普遍規律，而與情感相交流相感應。它追求的是宇宙的秩序、人世的和諧，認為它同時也就是人心情感所應具有的形式、秩序、邏輯。除了前述樂論之外，中國文論講究的也是「日月疊璧，以垂麗天之象；山川煥綺，以鋪理地之形，此蓋道之文也。」[64]「言之文也，天地之心哉。」[65]中國畫論講究的是「圖畫非止藝行，成當與易象同體」，「以一管之筆，擬太虛之體，以判軀之狀，盡寸眸之明」[66]，「以通天地之德，以類萬物之情」[67]等等，都是如此。所以，我們既可以說中國藝術是「再現」的，但它「再現」的不是個別的有限場景、事物、現象，而是追求「再現」宇宙自然的普遍規律、邏輯和秩序。同時又可以說它是「表現」的，但它所表現的並非個體的主觀的情感、個性，而必須是能客觀地「與天地同和」的普遍性的情感，即使是園林建築也必須是「雖由人作，宛自天

---

63 如周來祥的論著。

64 《文心雕龍・原道》。

65 同上。

66 王微：〈敘畫〉。

67 韓拙：《山水純全集》。

開」[68]，這倒又是「模擬」自然、「再現」自然了。但在這模擬、再現中又仍然強調寓情於景，從而創造出意境。難道這可以簡單說是「再現」或「表現」嗎？在那種對峙意義上的「再現」、「表現」的區分，在中國美學和藝術中並不存在。一般來說，中國藝術固然不同於西方那種細緻模擬有限現實場景、故事的「再現」性的古典作品，也同樣少有西方近代那種以強烈個性情感抒發為特徵的「表現」性的作品。相對來說，中國作品中個性情感一般很不突出，大都是所謂「發乎情，止乎禮義」，它的情感表現中有比較具體和具象的自然的社會的再現內容，而它的這種再現具體現實又不離開情感的表達，這兩者經常混同交融，合為一體。所以，華夏文藝及美學既不是「再現」，也不是「表現」，而是「陶冶性情」，即塑造情感，其根源則仍在這以「樂從和」為準則的遠古傳統。

 # 「詩言志」：政治與藝術

從上面可以看出，古代華夏作為體制建構的「禮樂」傳統，已使原始的巫術禮儀、圖騰歌舞走上了非酒神型的發展道路和文

---

68 計成：《園冶》。

化模式。它捨棄了那種狂熱、激昂、急烈、震盪的情感宣洩和感官痛快，著重強調「和」、「平」、「節」、「度」，以服從和服務於當時社會秩序和人際關係。這種「秩序」和「關係」，也就是當時的政治。「禮樂」是與政治直接相關而連在一起的。這就是所謂「禮樂刑政，四達而不悖，則王道備矣」。[69]中國古代政治是倫理政教，即建立在父家長制血緣基礎上的氏族貴族等級統治的體系[70]。

所以，在「樂從和」的美學理論中，有一個非常突出的特徵。這便是通過情感塑造的中介，把藝術（「樂」）與政治直接地密切聯繫起來。「樂」之所以需要，首先是因為它「可以善民心，其感人深，其移風易俗，故先王著其教焉」[71]。它認為，一方面，不同的音樂反映出不同的政治狀態和社會氛圍：「治世之音安以樂，其政和；亂世之音怨以怒，其政乖；亡國之音哀以思，其民困；聲音之道，與政通矣」[72]。另方面，不同的音樂甚至不同的樂器的音響又可以直接喚起不同的具體的政治認識：

　　鐘聲鏗，鏗以立號，號以立橫，橫以立武，君子聽鐘聲，則思武臣；石聲磬，磬以立辨，辨以致死，君子聽磬聲，則思死封疆之臣；絲聲哀，哀以立廉，廉以立志，君子聽琴瑟之聲，則思

---

69 《禮記・樂記》。

70 參看拙著《中國古代思想史論》。

71 《禮記・樂記》。

72 同上。

志義之臣；竹聲溫，溫以立會，會以聚眾，君子聽竽笙簫管之聲，
則思畜聚之臣；鼓鼙之聲歡，歡以立動，動以進眾，君子聽鼓鼙
之聲，則思將帥之臣。君子之聽音，非聽其鏗鏘而已也，彼亦有
所合之也。[73]

　　這種強將藝術（音樂）與政治直接拉在一起的簡單論斷，把
許多不同的問題混在一起了。因為同情感有直接聯繫，音樂能反
映出人民生活以及社會政治狀況的差異，這有其非常合理的方面，
各種不同的一定「鏗鏘」，會聯想起或激喚起各種不同的情緒感受
以至理性認識，也是存在的。但把音樂以至樂聲和特定政治內容、
政治要求、政治理念非常具體地聯繫起來，則顯然是由誇張而完
全失實了。在中國古代美學中，這種失實地誇揚藝術的政治內容
政治作用，也是由來已久，源遠流長的。正如 Aristotle 也有「中
庸」觀念一樣，古希臘也有將音樂與道德直接聯繫起來的思想和
理論。Aristotle 便認為音樂在節奏上和高低音的配合上都有類似
於道德的性格。每一種樂調也被賦予倫理道德的性質，各種不同
樂調是或溫和或勇敢或憂傷或懶散的，於是聽者便引起相應的反
應和品格[74]。這與上述中國理論相當接近。但在中國，它卻被長
期地堅持了下來，這除了儒家將這種觀念定型化並作為基本的主
體理論之外，恐怕更重要的是，它作為「禮樂」傳統，已是一種

---

73 同上。

74 參看哈拉普《藝術的社會根源》，人民文學出版社，北京，1951 年。

長久的歷史的事實存在，從而它的影響就更有習慣性的持續力量，不只是一種理論、學說或觀念。根據「禮樂」傳統，「樂」本來就是與「禮」並行的鞏固社會政治秩序的工具，它本就具有鮮明強烈的政治功能和政治性質。以後各類藝術雖有分化，這一傳統性能卻一直成為對它們的基本要求。對音樂是如此，對詩文是如此，以後對繪畫的要求，所謂「成教化，助人倫」，也還是如此。

中國的政治是倫理政治，美善不分或美善同一的觀念非常持久。在各民族古代文獻中，以「美」作「善」、二字等同使用的語言習慣本相當普遍，但在中國卻一直遺留至今，例如所謂「五講四美」。因此比較起來，中國美學強調美與善的聯繫分外突出。西方哲人也強調過美善的密切聯繫，例如 Plato，但所以在中國分外突出，也還是因為是有「禮樂」傳統這個實在的長久的歷史傳統的緣故。

從分化了的藝術部類說，如果比較一下〈樂記〉與〈詩大序〉，也很明白，〈樂記〉中那些「樂」必須服務於倫理政教的理論，同樣延續和呈現在〈詩大序〉中：

詩者，志之所之也。在心為志，發言為詩。情動於中，而形於言，言之不足故嗟嘆之，嗟嘆之不足故永歌之，永歌之不足，不知手之舞之足之蹈之也。情發於聲，聲成文謂之音。治世之音安，以樂其政和；亂世之音怨，以怒其政乖；亡國之音哀，以思其民困；故正得失，動天地，感鬼神，莫近於詩。（這裡故意採用了另種句讀）

　　〈詩大序〉雖然出現頗晚，但幾乎與〈樂記〉重合式的文字和思想，說明它們大體是同一時代或略後的產物。「詩言志」本見於《尚書》，是對「詩」最著名也最古老的規定。〈毛詩序〉不過是對這一古老規定的解說發揮。它曾被看作是孔子或子夏的作品，我們以為是荀子學派的思想[75]，總之是儒家美學。

　　「詩言志」究竟是什麼意思？一直有各種不同的解說。有人認為，「詩言志」言的就是作者的「志」。有人認為，「詩言志」主要是指藉詩言志，言的不是作者的志，也不是原詩的志，而是引用者的志，例如《論語》、《左傳》、《孟子》中許多對《詩經》的引用，以及所謂「不學詩，無以言」[76]，「使於四方，不能專對」[77]，都說明「詩」是作為外交辭令來被引用以「言志」的。有人認為，「詩言志」便是抒個人的志趣以至情感。有人認為，「詩言志」的「志」是集體的事功、政教、歷史、要求，它也就是「載道」等等，說法很多。

　　如果從起源或原意看，我贊成最後一說。特別是如果聯繫起「詩」與「樂」來看，「詩」大概最初就是巫師口中念念有詞的咒語，與祭神活動密切相關。其後才逐漸演化為對祖先的事功業績、本氏族的奇跡歷史、軍事征伐的勝利、祭祀典禮的儀容等等的記

---

75 參看李澤厚、劉綱紀《中國美學史》第 1 卷第 8 章，〈毛詩序的美學思想〉。

76 《論語・季氏》。

77 《論語・子路》。

述、歌頌和傳遞。這大概是「志」的最初的真實涵義。這種「志」
當然與政治緊密難分，不但從《詩經》〈雅〉、〈頌〉部分像〈生
民〉、〈公劉〉、〈大明〉、〈皇矣〉、〈綿〉等篇章可以看見這種「言
志」的歷史痕跡，而且就在所謂後世的「采風」活動中，包括所
謂「勞者歌其事，飢者歌其食」，也還是與倫理政教相連：是為了
「正」政治之「得失」。這與前述「樂」的功能基本上是一致的。
一直到唐代孔穎達《毛詩正義》也還說：「其作詩者，道己一人之
心耳，要所言一人，心乃是一國之心，詩人攬一國之意以為己意，
故一國之事，係此一人使言之也……故謂之風。……詩人總天下
之心，四方風俗，以為己意，而詠歌正放，……故謂之雅。」可
見，所謂「詩言志」，仍是有關國家政事的「天下之心」、「四方風
俗」之「志」。

　　當然，最突出的是漢代儒家以「美刺」說詩了。它即是〈毛
詩序〉宣布的「正得失……原人倫，美教化，移風俗」的具體化，
它要求詩作為對皇帝的某種委婉的諷諫勸戒的工具，來起純粹政
治的功能作用。所謂「溫柔敦厚」，即是服從於這種要求的美學原
則。這種傳統到白居易那著名的「文章合為時而著，歌詩合為事
而作」，到明、清、近代，是始終沒有斷絕的，它是儒家正統美學
的基本法規。這是一種政治文藝學或文藝的政治解釋學。這種解
釋學認為，「治世之音，溫以裕，其政平；亂世之音，怨以怒，其
政乖。詩道然」[78]。可見，它與前述的〈樂記〉一樣，其根源仍

---

78 《詩含神霧》，見《重修緯書集成》卷3，明德出版社，日本，昭和46

然是這個禮樂傳統。

　　所以,漢儒用倫理政治來解詩,「把《詩經》第一首〈關雎〉說成是什麼后妃之德等等,……從總體上看,又有其一定的原因。這個原因是歷史性的。漢儒的這種穿鑿附會,實質上是不自覺地反映了原始詩歌由巫史文化的宗教政治作品過渡到抒情詩文學作品這一重要的歷史事實。本來,所謂詩言志,實際上即是載道和記事,就是說,遠古的所謂詩本來是一種氏族、部落、國家的歷史性、政治性、宗教性的文獻,並非個人的抒情作品。很多材料說明,詩與樂本不可分,原是用於祭神、慶功的」[79]。從而,如果把「詩言志」的原本涵義看作近代抒發個人志趣情感的表現主義,無疑是很不準確的;這正像古代繪畫也是以巫術宗教等神話內容和歷史記述為主題,是原始人洞穴壁畫的延續,服務於倫理政教一樣;屈原據以作〈天問〉的「見楚有先王之廟及公卿祠堂,圖畫天地山川神靈,琦瑋僪詭,及古聖賢怪物行事」[80],便是明證。舞、樂、詩、畫,是那同一傳統的心聲。「樂從和」,「詩言志」,其實一也。

　　但是,這個強調社會的倫理政教與個體的身心情感相融合同一的禮樂傳統,隨著時代的發展,便愈來愈暴露出其中蘊藏的巨

　　年,第28頁。讖緯非原始巫術,但仍是荒唐神祕的天人感應理論,並以政治為核心。

79 拙著《美的歷程・先秦理性精神》。

80 王逸:《楚辭章句・天問序》。

大矛盾。即社會的理性、倫理政教的要求與個體身心情欲這兩方面並不能經常真正統一溶合在這種「情感的形式」——藝術中。特別是隨著社會生活的發展、物質產品的豐富、消費需要的擴展，傳統的社會規範、倫理要求、政教體制常常成了滿足個體身心情欲的不愉快的限制和束縛。在〈樂記〉以及先秦古典中，可以看到一系列有關「古樂」、「今樂」、「雅樂」、「鄭聲」的分歧和爭論。就是說，社會生活的行進，使人們要求自己的情感、欲望，從傳統的倫理政治的捆綁下解放出來。於是，政治與藝術、倫理政教的規範準則與情感自身的邏輯形式，便處在既有同一又有差異，既有統一又有對立以至衝突的複雜狀況中。隨著不同時代的和社會的原因，它在美學理論上就呈現為關於文與質、美與善、緣情與載道、「樂教」（重情感形式）與「詩教」（重政治內容）……的種種爭論與衝突。

情況是異常複雜的。需要具體分析，一加概括，便容易簡單化和失真。但這裡又不得不因陋就簡，從藝術種類的發展分化角度來概括地看看。

由於禮樂傳統強調藝術是普遍性的情感形式，抒情（儘管還不是抒個人的情）在文學中也占有重要的地位。中國的上古史詩很不發達，幾乎沒有，恐也與這傳統有關。〈雅〉〈頌〉在《詩經》中只占很小部分，更大的領域留給了抒情性能濃厚的〈風〉。「詩言志」於是也就逐漸被後世理解和解釋為抒情，即抒發個人的志趣情感。到魏晉，「詩緣情」進一步正式地與「詩言志」同樣成了美學的重要理論。

　　但是，抒情，即使是後世的抒個人之情，又仍然離不開政教。由於中國的文官制度使士大夫知識分子從來便是倫理政治的基礎和支柱，上述這個矛盾便更有趣地展現出來。藝術究竟應從抒發情感志趣的意向出發呢？還是應從宣揚、宏大倫理教化出發？是「載道」呢？還是「言志」或「緣情」？這個似乎本只屬於儒家美學的矛盾，卻在後世華夏的文藝創作和美學理論中，一直成為一個基本問題。

　　由於盛極一時的遠古音樂藝術在後世的逐漸衰落，這種矛盾和爭論便更多地表現在文學（詩文）和書畫領域中。

　　六朝有所謂文筆之分。「有韻為文，無韻為筆。」「有韻」（文）更多地具有音樂性，容易與情感相聯，所以更注重於感情的抒發、形式的講求。魏晉是「文」的自覺，取得自己獨立性格的時代，在理論上，曹丕寫了《典論‧論文》，陸機有〈文賦〉……。而「筆」則大體仍然在記事、論理以「載道」。

　　但是，在各種「文」中，詩是更「有韻」，更抒情的。從而這裡又開始了「詩」與「文」的分途。這在唐宋古文運動興起後便更明顯了。很講究做文章、追求「文從字順」的通俗新形式的韓愈，強調他的文是要載道的，他寫了〈原道〉、〈原毀〉、〈原性〉、〈原人〉等煌煌大論，來大講其倫理政教。但同時，韓愈卻又大做其抒發個人情感的艱澀詩篇，並且從抒發情感上盛讚張旭的草書，還鼓吹「物不得其平則鳴」的「達其情性」的抒情理論。

　　於是，詩逐漸成為個人抒情的領域，而文則是宣揚政教的工具。所謂「詩主言情，文主言道」[81]，便被後世這樣區分著。但

「詩」畢竟又有〈詩大序〉這種權威性的經典理論的主宰、管轄，誰也不敢否定，而這種理論是要求詩必須為政教倫理直接服務的。於是，我們又有趣地看到了「詩」「詞」的分途和「詩」「畫」的分途。

五代北宋，詞發達起來。詞大談女人、愛情等等，看來很難說是「載道」了。在詞裡大發的政教議論畢竟是少數，包括正統的理論家們也似乎並不要求它去「載道」，因為它本是「雕蟲小技」「無足道也」的東西。但詩卻不然，作詩是更嚴肅的事情。當宋詞盛極時，宋詩的議論也特別多。不管自覺不自覺，詩、詞這兩種藝術形式體裁，便明顯有這種區別。

從而，似乎可以試圖解釋錢鍾書教授提出的問題，為什麼在繪畫領域裡，所謂「南宗」成了正統，與南宗畫相當的王孟詩派卻永遠不能奪取李（白）杜（甫）正宗的地位？的確這樣，即使像司空圖、嚴羽這些明明傾向於王孟詩派的理論家，卻仍然要以李、杜或將「雄渾」列為標準或首位，與董其昌等人明目張膽地捧出南宗作為畫派正宗迥不相同。為什麼？我認為，這就是上述傳統在起作用。因為儘管世世代代的士大夫知識分子都經常是倫理政教的積極支持者、擁護者，大都贊成或主張詩文載道，但社會生活的發展，使傳統的倫理政教畢竟管不住情感的要求和變異，於是詞、山水畫、筆墨意趣這種與「載道」關係較遠的藝術形式便成了政教倫理所鞭長莫及而能滿足情感愉悅的新的安樂處了。

---

81 《清詩話》下卷，上海古籍出版社，1984 年，第 948 頁。

比起詩文來，畫畢竟是由匠人的技藝上升而來的藝術，畢竟地位次要一些，於是它也就能更無顧忌地從「成教化，助人倫」下解放出來，真正成為個體抒發情感的藝術形式。

可見，我們說華夏美學的特徵和矛盾主要不在模擬是否真實、反映是否正確，即不是美與真的問題，而在情感的形式（藝術）與倫理教化的要求（政治）的矛盾或統一，即美與善的問題[82]，是以這種「禮樂傳統」為其歷史背景的，它實際正是「羊人為美」與「羊大則美」問題的延續，這樣才能估計這個矛盾的久遠性和深刻性，即它涉及這個民族的文化心理結構及特徵問題。

為什麼在講儒家美學之前要先講這個「禮樂傳統」？這是因為：第一，從這個記述中，可以看出儒家美學其來有自，有悠久堅實的歷史根源，它是「禮樂傳統」的保存者、繼承者和發展者。第二，從這個記述中，可以看到，兩千年來以儒家哲學為主體的華夏美學中一些基本觀點、範疇、問題、矛盾和衝突已經蘊涵在這傳統根源中。如何處理社會與自然、情感與形式、藝術與政治，如何處理天人關係，如何理解自然的人化……，既是一般美學的普遍問題，更是華夏美學的核心問題。第三，從這個記述中，可以看出，這個非酒神型的「禮樂傳統」，至今仍在華夏廣大人民中有其影響，它已積澱為特定的文化心理結構。也正因為此，作為它的自覺的承繼者和發揚者，儒家美學才有其歷久不衰的生命力量，成為華夏美學的主幹。

---

82 參看李澤厚、劉綱紀《中國美學史》第 1 卷緒論。

二、孔門仁學

「人而不仁如樂何？」：人性的自覺

孔子自稱「述而不作」[1]。

這一半是準確的，孔子一生的志向、活動和功業，全在維護和恢復周禮，也就是前述的「禮樂傳統」。在傳聞中，孔子是古代典籍、禮儀和傳統文化的保存者、傳播者和審定者。他「刪詩書」，「定禮樂」，授門徒，遊列國，儘管做官未成，卻在社會上特別在知識層中影響極大。無論是反對者或贊成者，無論是以後的墨、道、法……各家，總都要提到他。即使在他最倒霉的時候，無論在當時或後世，孔子作為教育家的身分或事實也從未被動搖和懷疑過。困於陳、蔡，也還有弟子（學生）追隨；「批林批孔」，也還承認孔是教育家。而所謂「教育」，不就正是將傳統的禮樂文化，作為自覺的意識，傳授給年輕一代麼？孔子稱周公，道堯舜，「入太廟、每事問」[2]，「學而不厭，誨人不倦」[3]……，只要打開《論語》一書，孔子這種繼往開來，作為禮樂傳統的傳授守護者的形象便相當清楚。

1　《論語・述而》。

2　《論語・八佾》。

3　《論語・述而》。

　　但這只是一半，更重要的另一半是：孔子對這種傳統的承繼、保存和傳授，是建立在他為禮樂所找到的自我意識的新解釋的基礎之上的。這個自我意識或解釋基礎，便是「仁」。這才是孔子的主要貢獻，特別是在思想史的意義上。H. Fingarette 著作的主要弱點就是對這一方面沒有重視，估計不足。

　　《論語》一書記載孔子講「仁」達百餘次，每次講法都不盡相同。以致有研究者傾向於認為，孔子的「仁」本身就是審美的，即它具有非概念所能確定的多義性、活潑性和不可窮盡性[4]。這一論點相當新穎而頗富深意，即它可暗示孔子的人生最高境界將是審美。然而，此是另一問題，當容後再論。就「仁」本身說，它畢竟又還是可以分析的。在〈孔子再評價〉中，我曾將「仁」分為四個方面或層次，其中，氏族血緣是孔子仁學的現實社會淵源，孝悌是這種淵源的直接表現（「孝悌也者，其為人之本歟」[5]，「君子篤於親，則民興於仁」[6]）。而「孝」的可能性和必要性卻在於心理情感（「子曰，予之不仁也！子生三年，然後免於父母之懷，……予也有三年之愛於其父母乎」[7]）。不訴諸神而訴於人，不訴諸外在規約而訴之於內在情感，即把「仁」的最後根基歸結為以親子之愛為核心的人類學心理情感，這是一種雛樸

4　參看張亨〈論語論詩〉，《文學評論》第 6 集，臺北，1980 年 5 月。

5　《論語・學而》。

6　《論語・泰伯》。

7　《論語・陽貨》。

素卻重要的發現。因為，從根本上說，它是對根基於動物（親子）而又區別於動物（孝）的人性的自覺。它是把這種人性情感本身當作最後的實在和人道的本性。這正是孔子仁學以及整個儒家的人道主義和人性論的始源基地。孔子說：「今之孝者，是謂能養。至於犬馬，皆能有養，不敬，何以別乎」[8]。

　　關於「至於犬馬，皆能有養」，有好幾種解釋。一種解釋為：犬馬也能養父母，因之，人養父母應不同於犬馬的「養」父母。另種解釋為：人可以飼養犬馬，因之，養父母應不同於養犬馬。又有解釋為：犬馬也能養活人，因之，人養父母應不同於犬馬的「養」，等等。總之，不管哪種解釋，孔子這裡強調所謂「敬」，指的正是表現為一定的禮節儀容的心意狀態。它作為孝──仁的內在原則，在孔子看來，便是由「禮樂」所塑造培育出來以區別於犬馬或區別於對待犬馬的人的情感或人性、人道。雖然它必須以親子這種自然生物性的血緣事實為基礎，但重要的是這種自然生物關係經由「禮樂」而人性化了，所以才不同於「犬馬」。「敬」本是「禮樂」儀式過程所必然和必需培育的某種恭謹畏懼的心理狀態和感情，周初有「敬德」、「敬天」等等重要提法，它們本是由「禮樂」即「神聖的儀式」中所產生的。但到孔子這裡，卻把它當作比「神聖的儀式」本身還更為重要的東西了。孔子使這種內在心理情感和狀態取得了首要位置，認為它才是本體的人性，即人道的自覺意識。孔子指出，即使神聖的「禮樂」傳統，如果

8 《論語・為政》。

沒有這種人性的自覺，那它們也只是一堆毫無價值的外殼、死物
和枷鎖。孔子一再說：「人而不仁如禮何？人而不仁如樂何？」[9]
「禮云禮云，玉帛云乎哉？樂云樂云，鐘鼓云乎哉？」[10]「禮，
與其奢也，寧儉；喪，與其易也，寧戚」[11]等等。這些都是說，
如果沒有「仁」的內在情感，再清越熱喧的鐘鼓，再溫潤絢麗的
玉帛，是並無價值的；內在情感的真實和誠懇更勝於外在儀容的
講求。從而，這裡重要的是，不僅把一種自然生物的親子關係予
以社會化，而且還要求把體現這種社會化關係的具體制度（「禮
樂」）予以內在的情感化、心理化，並把它當作人的最後實在和最
高本體。關鍵就在這裡。

　　如上章所論，就「禮」、「樂」二者說，「樂」比「禮」與這種
情感心理關係（仁）要更為直接和更為密切。有如〈樂記〉所說：
「仁近乎樂，義近乎禮。」「樂」既然可以直接從陶冶、塑造人的
內在情感來維護人倫政教，孔子所追求的「愛人」[12]「泛愛眾」[13]
「老者安之，朋友信之，少者懷之」[14]等等仁學的諸要求、理想，
也就應該由「樂」（藝術）來承擔一部分：

9　《論語・八佾》。

10　《論語・陽貨》。

11　《論語・八佾》。

12　《論語・顏淵》。

13　《論語・學而》。

14　《論語・公冶長》。

子之武城，聞弦歌之聲。夫子莞爾而笑曰：割雞焉用牛刀？子游對曰：昔者偃也聞諸夫子曰，君子學道則愛人，小人學道則易使也。子曰：二三子，偃之言是也。前言戲之耳。[15]

可見，「弦歌之聲」是與「道」——首先是「治道」（政治）聯繫在一起的。這也可以印證上章〈樂記〉所說的：「樂者，樂也。君子樂得其道，小人樂得其欲，以道制欲，則樂而不亂；以欲忘道，則惑而不樂。是故君子反情以和其志，廣樂以成其教」。「樂」是用來教化百姓民眾的。

不過，那個以「禮樂」治天下的遠古時代畢竟已經過去了，想用「樂」來感化百姓，安邦定國，在春秋時代已經是不切實際的幻想，更不用說殺伐爭奪日益劇烈化的後世了。孔子的仁學理論作為「治國平天下」的政治方略，並沒有也不可能實現。它深深地影響和作用於後世的，倒是這種人性自覺的思想，這種要求人們建立起區別於動物的情感心理的哲學。並且，由於把這種自覺與安邦治國、拯救社會緊密聯繫了起來，這種人性自覺便具有了超越的宗教使命感和形上的歷史責任感。即是說，這種「為仁由己」[16]的「愛人」精神（「仁」），這種人性自覺意識和情感心理本身，具有了一種生命動力的深刻性。因之，並非「個性解放」之類的情感，而毋寧是人際關懷的共同感情（人道），成了歷代儒

15 《論語・陽貨》。
16 《論語・顏淵》。

家士大夫知識分子生活存在的嚴肅動力。從而，對人際的誠懇關懷，對大眾的深厚同情，對苦難的嚴重感受，構成了中國文藝史上許多巨匠們的創作特色。如世公認，這方面杜甫大概是表現得最為突出和典型了。

……父老四五人，問我久遠行；手中各有攜，傾榼濁復清。苦辭酒味薄，黍地無人耕，兵革既未息，兒童盡東征。請為父老歌，艱難愧深情，歌罷仰天嘆，四座淚縱橫。（〈羌村〉）

……長戟鳥休飛，哀笳曙函咽，田家最恐懼，麥倒桑枝折，沙苑臨清渭，泉香草豐潔。渡河不用船，千騎常撇烈，胡塵逾太行，雜種抵京室。花門既須留，原野轉蕭瑟。（〈留花門〉）

……安得廣廈千萬間，大庇天下寒士盡歡顏，風雨不動安如山。嗚呼，何時眼前突兀見此屋，吾廬獨破受凍死亦足。（〈茅屋為秋風所破歌〉）

杜甫是引不勝引的，總是那樣的情感深沈，那樣的人道誠實。他完全執著於人間，關注於現實，不求個體解脫，不尋來世恩寵，而是把個體的心理沈浸融埋在苦難的人際關懷的情感交流中，沈浸在人對人的同情撫慰中，彼此「以沫相濡」，認為這就是至高無上的人生真諦和創作使命。這不正是上起建安風骨下至許多優秀詩篇中所貫串著的華夏美學中的人道精神麼？這精神不正是由孔學儒門將遠古禮樂傳統內在化為人性自覺、變為心理積澱的產物麼？

……出門無所見，白骨蔽平原。路有飢婦人，抱子棄草間。願聞號泣聲，揮涕獨不還。未知身死處，何能兩相完。驅馬棄之去，不忍聽此言，南登霸陵岸，回首望長安，悟彼泉下人，喟然傷心肝。(王粲:〈七哀詩〉)

貧家有子貧亦嬌，骨肉恩重那能拋？飢寒生死不相保，割腸賣兒為奴曹。此時一別何時見，撫遍兒身舐兒面，有命豐年來贖兒，無命九泉抱長怨。囑兒切莫憂爹娘，憂思成疾誰汝將？抱頭頓足哭聲絕，悲風颯颯天茫茫。(謝榛《四溟詩話》引〈賣子嘆〉)

題材基本相同，一棄兒，一賣兒。前詩異常著名，後詩則異常不著名，前詩年代早，後詩相當晚 (明)。但二者貫串著同一精神，非常感人。作者們本身並不是賣兒、棄子的主人翁，但描繪得如此誠懇忠實，「未知身死處，何能兩相完」，「此時一別何時見，撫遍兒身舐兒面」，……寫得都是父母別子，但為人子者，讀此不都會培育起深厚的親子之情麼？這不正是孔子講的「予也有三年之愛於其父母乎」的情感自省麼？誰都有父母，誰都有子女，都會因從詩裡感染到那真摯的感情而悲哀、而觸動。這不是概念的認識，而是情感的陶冶。這種陶冶在於把以親子之愛為基礎的人際情感塑造、擴充為「民吾同胞」的人性本體，再沈積到無意識中，成為華夏文藝所不斷展現的原型主題。

所以，儘管這些創作者們主觀願望和人生理想，很可能是「唯歌生民病，願得天子知」(白居易)，或者「許身一何愚，竊比契與稷」(杜甫)，但是，如果僅僅停留在這一層次，而不使上述人

道感情占有更高位置和積澱在無意識中，不把這種情感自身作為獨立的本體展露，那是搞不好文藝創作的。這大概也就是白居易那些諷喻詩並不成功的原因。白的《新樂府》「卒章顯其志」，把主題歸結為概念，固然違背了美學規律，但更重要的是，它妨害了這種人生自覺和心理情感作為本體的自身完整。這種以親子為核心擴而充之到「泛愛眾」的人性自覺和情感本體，正是自孔子仁學以來儒家留下來的重要美學遺產。這也是孔子既述且作，既維護又發展「禮樂」傳統，而成為儒家的開山祖和中國文化的象徵之所在。

　　既然集中把情感引向現實人際的方向，便不是人與神的聯繫、不是人與環境或自然的鬥爭，而是親子、君臣、夫婦、兄弟、朋友、親族、同胞……這種種人際關懷，以及由這種種關懷所帶來的種種人生遭遇和生活層面，如各種生離死別（「送別」便是華夏抒情詩篇中的突出主題）、感新懷舊、婚喪弔賀、國難家災、歷史變故……，被經常地、大量地、細膩地、反覆地詠嘆著，描述著，品味著。人的各種社會性情感在這裡被交流，被加深，被擴大，被延續。華夏文化之所以富有人情味的特色，美學和文藝所起的這種作用不容忽視。由孔子奠基的以心理情感為根本的儒學傳統也充分地呈現在文藝——美學的領域中了。

　　也正因為如此，情感的人際化引向種種仁愛為懷、溫情脈脈的世間留戀，各種自然放縱的情欲、性格、行為、動作，各種貪婪、殘忍、凶暴、險毒的心思、情緒、觀念，各種野蠻、狡狠、欺詐、淫蕩、邪惡，那種種在希臘神話和史詩中雖英雄天神們也

具有的惡劣品質和情操，在中國古典詩文藝術中都大體被排斥在外。甚至 Goethe 在評論已經開始描寫這些醜惡情景的中國小說時還說：「在他們那裡，一切都比我們這裡更明朗，更純潔，也更合乎道德。在他們那裡，一切都是可以理解的，平易近人的，沒有強烈的情欲和飛騰動盪的詩興⋯⋯。正是這種在一切方面保持嚴格的節制，使得中國維持到數千年之久，而且還會長存下去。」[17]

如前章所述，這當然既是缺點，又是優點。同時，這既是華夏文藝和美學的特徵，也是華人的趣味甚至性格特徵。所有這些無不應追溯到儒家傳統和孔門仁學。有人認為，西方傳統以理性作為人獸之分，中國則是以「道德的理解」來作劃分標準[18]。這種所謂「道德的理解」，實際即是前述對人性作外在塑造和規範的非酒神型的「禮樂」傳統，被孔子和儒家內在化為對人性自覺和人道情感的本體追求。通俗地說，這是強調從內心來自覺建立一種完美的主體人格。這種建立雖需通由上述世俗的現實生活和人際關係來展露，但技藝和藝術在這建立中卻又有著特殊重要的地位。

---

17 《歌德與愛克曼對話錄》，人民文學出版社，北京，1988 年，第 112 頁。
18 參看葛拉漢 (A. C. Graham)〈先秦儒家對人性問題的探討〉，見劉述先編《儒家倫理研討會》，東亞哲學研究所，新加坡，1987 年，第 152 頁。

「游於藝」、「成於樂」：人格的完成

　　孔子說：「志於道，據於德，依於仁，游於藝」[19]；又說：「興於詩，立於禮，成於樂」[20]。在這裡，「道」是意向，「德」是基礎，「仁」是歸依，而「藝」則是自由的遊戲。孔子所說的「游於藝」的「藝」，是禮、樂、射、御、書、數，即所謂「六藝」。「禮」之所以被看作「藝」，是因為「禮」的實行，包含著儀式、禮器、服飾等等的安排以及左右周旋、俯仰進退等一整套瑣細而又嚴格的規定。熟悉、掌握這些，需要有專門的訓練。「樂」之被列入「藝」，也與要求對物質工具（如樂器的演奏）的熟練技能的掌握有關。其他四者所要求的技術性的熟練便更明顯。總之，孔子所說的「游於藝」的「藝」，雖不並等於後世所說的藝術，但包含了當時和後世所說的藝術在內，而主要是從熟練掌握一定物質技巧即技藝這個角度來強調的。孔子說，「君子」在「志道」、「據德」、「依仁」之外，還「游於藝」，便是說「君子」對於與物質技能有關的一切訓練要有熟練掌握。對物質技能的掌握，包含著對自然合規律性的了解和運用。對技能的熟練掌握，是產生自

---

19 《論語‧述而》。
20 《論語‧泰伯》。

由感的基礎。所謂「游於藝」的「游」，正是突出了這種掌握中的自由感。這種自由感與藝術創作和其他活動中的創造性感受是直接相關的，因為這種感受就其實質說，即是合目的性與合規律性相統一的審美自由感。可見，與後世某些儒家單純強調倫理道德不同，在「志道」等等之外提出「游於藝」，表現了孔子對於人由於物質現實地掌握客觀世界從而獲得多面發展的要求，對於人在駕馭客觀世界的進程中感受到和獲取身心自由的主張，同時也說明了孔子對掌握技藝在實現人格理想中的作用的重視。因為這些技藝並非可有可無的裝飾，而是直接與「治國平天下」的制度、才能、秩序有關的。這是第一點。

　　與此相關的第二點是，這種「游於藝」的活動擺在「志道」、「據德」、「依仁」之後。本書不及詳論這四者的複雜關係，僅表面考察也可看出，「游於藝」既是前三者的補足，又是前三者的完成。僅有前三者，基本還是內在的、靜態的，未實現的人格，有了最後一項，便成為實現了的、物態化了的、現實的人格了。為什麼？因為這種人格具有一種實現了的自由和現實的自由感。它不僅標誌對客觀技藝、事物規律的物質實踐性的熟練掌握和運用自如，而且標誌著一個由於掌握了規律而獲得自由從而具有實踐力量的人格的完成。這其實便是孔子所謂「從心所欲不逾矩」[21]了。所謂「從心所欲不逾矩」，便正是主觀目的與客觀規律的協調、符合、一致。「游於藝」和「從心所欲不逾矩」，雖然似乎前

---

21 《論語‧為政》。

者只講技藝熟練，後者只講心理欲求，但從合規律性與合目的性相統一的角度看，這二者是有貫串脈絡和共同精神的。只有現實地能夠作到「游於藝」，才能在人格上完成「從心所欲不逾矩」。這個「不逾矩」便不只是道德的教條，而是一種人生的自由。前者是外在技藝的熟練，後者是內在人格的完成，但在孔學裡，二者又有其深刻的關連。荀子提出「積學成偽」和「制天命而用之」，便是在理論上發展這個方面。荀子「這個『學』實質上便已不限於『修身』，而是與整個人類生存的特徵——善於利用外物，製造事物以達到自己的目的——有了聯繫。……『學』『為』在荀子這裡也達到了本體高度」[22]。後世顏元等人也強調「六藝」的物質實踐性。這些，表明在儒學中，「聖人」的人格實現與六藝的物質實踐性的現實掌握是相關聯的。只有宋明的正統理學家們過分強調心性，而把「游於藝」當作一種並不十分重要的補充，並且常常局限在詩文書畫的所謂純藝術的狹隘範圍內，才從根本上失去了孔門六藝的原始的物質實踐的豐富內容。實際上，「游於藝」——在禮、樂、射、御、書、數中的「自由遊戲」，決不僅僅是一個單純掌握技藝的問題，而更是通過對客觀規律性的全面掌握和運用，現實地實現了人的自由，完成了「志道」「據德」「依仁」的人的全面發展和人格歷程。這才是要點所在。

　　與「游於藝」相當的，是孔子講的「興於詩，立於禮，成於樂」。

---

22 拙作《中國古代思想史論》第 4 章。

　　正如「游於藝」放在最後一項一樣；「成於樂」，也是在「興於詩」、「立於禮」之後的。如果說，「游於藝」更多講的是通過掌握客觀規律的自由感受；那麼，「成於樂」則更多直接講內在心理的自由塑造。兩者都是有關人格實現的描述。正如「游於藝」高於「志道」「據德」「依仁」，「成於樂」也是高於「興於詩」「立於禮」的人格完成。

　　「成於樂」是什麼意思？孔子自己曾經作過說明。「子路問成人。子曰：『若臧武仲之智，公綽之不欲，卞莊子之勇，冉有之藝，文之以禮樂，亦可以為成人矣』」。孔安國注說：「文，成也」。就是說，君子的修身如果不學習禮樂，便不可能成為一個完全的人，可見，「成於樂」，就是要通過「樂」的陶冶來造就一個完全的人。因為「樂」正是直接地感染、熏陶、塑造人的情性心靈的。「樂所以成性」[23]「樂以治性，故能成性，成性亦修身也」[24]。

　　前面引述過的子游的故事也說明這一點。子游的故事是從群體「治道」來說，這裡則是從個體的人格塑造來說。「成於樂」之所以在「興於詩」（學詩包括有關古典文獻、倫理、歷史、政治、言語以及各種知識的掌握，和由連類引譬而感發志意）「立於禮」（對禮儀規範的自覺訓練和熟悉）之後，是由於如果「詩」主要給人以語言智慧的啟迪感發（「興」），「禮」給人以外在規範的培育訓練（「立」），那麼，「樂」便是給人以內在心靈的完成。前者

---

23 孔安國「成於樂」注。

24 劉寶楠《論語正義》「成於樂」注。

是有關智力結構（理性的內化）和意志結構（理性的凝聚）的構建，後者則是審美結構（理性的積澱）的呈現。不論是智慧、語言、「詩」（智慧通常經過語言而傳留和繼承），或者是道德、行為、「禮」（道德通常經過行為模式、典範而表達和承繼），都還不是人格的最終完成或人生的最高實現。因為它們還有某種外在理性的標準或痕跡。最高（或最後）的人性成熟，只能在審美結構中。因為審美既純是感性的，卻積澱著理性的歷史。它是自然的，卻積澱著社會的成果。它是生理性的感情和官能，卻滲透了人類的智慧和道德。它不是所謂純粹的超越[25]，而是超越語言、智慧、德行、禮儀的最高的存在物，這存在物卻又仍然是人的感性。它是自由的感性和感性的自由，這就是從個體完成角度來說的人性本體。

相對於「游於藝」因掌握外在客觀規律而獲得自由的愉快感，「成於樂」所達到的自由的愉快感，是直接地與內在心靈（情、欲）規律有關。孔子描述自己所達到的人生最高地步的「從心所欲不逾矩」，不即是心靈成熟的最後標誌麼？即：個體自然性的情、感、欲完全社會規範化了，故「不逾矩」；然而又並非強迫，仍然是「從心所欲」。孔子說：「知之者不如好之者，好之者不如樂之者」[26]，也是這個意思，它可相當於詩──禮──樂。

可見，「禮樂傳統」中的「樂者，樂也」，在孔子這裡獲得了

---

25 今道友信教授《東方美學》講孔子時，強調的便是這種超越。

26 《論語·雍也》。

全人格塑造的自覺意識的涵義。它不只在使人快樂，使人的情、感、欲符合社會的規範、要求而得到宣洩和滿足，而且還使這快樂本身成為人生的最高理想和人格的最終實現。與其他許多宗教教主或哲人不同，孔子以世俗生活中的情感快樂為存在的本體和人生的極致。孔學的人格理想是「聖賢」，這「聖賢」不是英雄，不是希臘神話、荷馬史詩裡的赫赫神明和勇猛武士。這「聖賢」也不是教主，不是那具有無邊法力能普渡眾生的超人、上帝。儒家的「聖賢」是人間的，與凡人有著同樣的七情六欲、飲食男女，同樣有著自然性、動物性的一面。他之所以為「賢」，是由於道德。他之所以為「聖」，則由於不但有道德，而且還超道德，達到了與普遍客觀規律性相同一。這種「聖」在外在功績上，能「博施於民而能濟眾」[27]，在內在人格上，大概就是孔子的「從心所欲不逾矩」了。這既是「成於樂」，也是「游於藝」。「夫子聖者與？何其多能也」[28]，是從後者說的，說明掌握規律性而有多方面的能力，足見合目的性與規律性的統一，始終是「聖」的一種標誌。後世所謂「畫聖」「書聖」等等，也多半是指想畫什麼就是什麼，達到這種「從心所欲不逾矩」的自由境界。這種自由境界又不只停留在實踐技藝規律的掌握上，而更是為了達到實現自由的人生境界，這種境界是充滿了快樂的。孔子便多次說到這種快樂：

---

27 《論語·雍也》。

28 《論語·子罕》。

學而時習之，不亦說乎！有朋自遠方來，不亦樂乎。[29]

飯疏食，飲水，曲肱而枕之，樂亦在其中矣。不義而富且貴，於我如浮雲。[30]

葉公問孔子於子路，子路不對。子曰：女奚不曰，其為人也，發憤忘食，樂以忘憂，不知老之將至云耳。[31]

當然還有那著名的「浴乎沂，風乎舞雩」，這要留到下章講「儒道互補」時再說。總之，孔子講的這種快樂，既是「學而時習之」，又是「有朋自遠方來」；既是對外在世界的實踐性的自由把握，又是對人道、人性和人格完成的關懷。它既是人的自然性的心理情感，同時又已遠離了動物官能的快感，而成為心靈的實現和人生的自由，其中積澱、融化了人的智慧和德行，成為在智慧和道德基礎上的超智慧、超道德的心理本體。達到它，便可以蔑視富貴，可以甘於貧賤，可以不畏強暴，可以自由作人。這是人生，也是審美。而這，也就是「仁」的最高層次。如果說，前節所說是從外在的人倫關係和人際關懷來發掘人性的自覺，那麼這裡所說便是從內在的人格培養和人性完成來同樣指向那心理本體。總之，把本來是維繫氏族社會的圖騰歌舞、巫術禮儀（「禮樂」），轉化為自覺人性和心理本體的建設，這是儒家創始人孔子

---

29 《論語・學而》。

30 《論語・述而》。

31 同上。

的哲學——美學最深刻和最重要的特點。

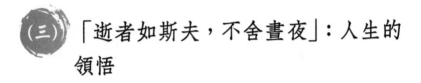

(三)「逝者如斯夫，不舍晝夜」：人生的領悟

　　Hegel 嘲笑孔子思想不算哲學，因為沒有對形上本體的反思和對世俗有限的超越。

　　今道友信教授則解說孔子「成於樂」是對時空的超越，而達到「在」(Being)[32]。

　　其實，均不然。孔子有對形上的反思和對超越的追求，但它沒有採取概念思辨的抽象方式，而出之以詩意的審美。孔子所追求的超越，也並不是對感性世界和時空的超越，而恰恰就在此感性時空之中。它不是「在」(Being)，而毋寧是「生成」(Becoming)。

　　「成於樂」作為個體人格的完成，密切關乎生死和不朽，此亦即時間問題。

　　時間是哲學中永恆之謎。什麼是時間？它意味著什麼？離開了人有時間麼？……Parmenides 提出不動的「一」(Oneness)，追

---

32 今道友信：《東方美學》。

求無時間的崇拜。Zeno of Elea 的著名詩論則展示時間之不可能。Kant 把時間當作人的內感覺 (Inner sense)。Hegel 說長久的山不如瞬開的玫瑰，時間屬於有生命者。Henri Bergson、Martin Heidegger 圍繞著時間也談了那麼多。……

　　在中國詩文中，也有那麼多關於時間的浩嘆：「對酒當歌，人生幾何」[33]；「木猶如此，人何以堪」[34]；「江畔何人初見月，江月何年初照人？人生代代無窮已，江月年年只相似。不知江月待何人，但見長江送流水……」[35]。人生無常的感嘆彌漫在中國文學藝術史，一直到毛澤東詩詞中的「人生易老天難老」，「蕭瑟秋風今又是」。在中國人的意識裡，時間首先是與人的生死存亡聯繫在一起的。事物在變遷，生命在流逝，人生極其有限，生活何其短促……，那麼，有沒有可能或如何可能去超越它呢？去構造一個永恆不變的理念世界嗎？去皈依上帝相信靈魂永在嗎？在神的恩寵和靈魂的不朽中去超越這個有限的人生、世界和時空嗎？有這種超越、無限、先驗的本體嗎？

　　中國哲人對此是懷疑的。從巫術、宗教中脫身出來的先秦儒家持守的是一種執著於現實人生的實用理性。它拒絕作抽象思辨，也沒有狂熱的信仰，它以直接服務於當時的政教倫常、調協人際關係和建構社會秩序為目標。孔子和儒家沒有去追求超越時間的

---

33 曹操詩。

34 《世說新語・言語》。

35 張若虛：〈春江花月夜〉。

永恆，正如沒有去追求脫去個性的理式 (Idea)、高於血肉的上帝一樣。孔門哲人把永恆和超越放在當下既得的時間中，也正如把上帝和理式溶在有血有肉的個體感性中一樣。那個「不動的一」的「存在」，對儒家來說是不可理解的；一切都在流變，「不變的一」（永恆的本體）就是這個流變著的現象世界本身。從而在這種哲學背景下，個體生死之謎便被溶解在時間性的人際關係和人性情感之中。與現代存在主義將走向死亡作為生的自覺，將個體對死亡的把握作為對生的意識近似而又相反，這裡是將死的意義建築在生的價值之上，將死的個體自覺作為生的群體勉勵。在儒家哲人看來，只有懂得生，才能懂得死，才能在死的自覺中感受到存在。人之所以在走向死亡中痛切感受存在本身，正因為存在本身畢竟在於生的意義。而生的意義也就是過程，是歷史性地生成，它是與群體相聯繫才獲得的。所以這「生成」是人類學的，是與情感上的人際關懷聯繫在一起的。從而「死」和「存在」在這裡便不是空洞的神祕共性或生物的本能恐懼，而是個體對人類學本體生成的直接感受。它是個體的感受，所以不是一般性的抽象認識；它是人類學的某種歷史感受，不是生物性的恐懼。從而，人對待死亡應該不同於動物的畏死，這不是因為人有道德，而且還因為它是超道德的。

　　孔子說：「朝聞道，夕死可矣」[36]，「無求生以害仁，有殺身以成仁」[37]，又說：「未知生，焉知死」，「未能事人，焉能事鬼」[38]，

36　《論語・里仁》。

這講的既是死的自覺，更是生的自覺。正因為「生」是有價值有意義的，對死亡就可以無所謂甚至不屑一顧。所以，儘管中國人有大量的人生感嘆，有「死生亦大矣，豈不痛哉」（王羲之）的深重悲哀，但「存，吾順事；歿，吾寧也」（張載）：如果生有意義和價值，就讓個體生命自然終結而無需恐懼哀傷，這便是儒家哲人所追求的生死理想。從而，如果要哀傷，那哀傷的就並非死而是短促的生——時間太快，對生的價值和意義占有和了解得太少。生的意義又既然只存在於人際關懷和現實群體中，那麼，追求個體靈魂的不朽或對感性時空的超越或捨棄，以投入無限實體的神的懷抱，便是不必要和不可能的。是否存在這種無限實體也是大可懷疑的。能確定的似乎只是，既然人的個體感性存在是真實的生成而並非幻影，從而如何可以賦予個體所占有的短促的生存以密集的意義，如何在這稍縱即逝的短暫人生和感性現實本身中贏得永恆和不朽，這才是應該努力追求的存在課題。所以，一方面，是沈重地慨嘆著人生無常、生命短促，另方面則是嚴肅的歷史感和強烈的使命感。自孔子起，「知其不可而為之」[39]，「鳥獸不可與同群，吾非斯人之徒而誰與」[40]的理想精神，「在陳絕糧」，「困於桓魋」的現實苦痛，都是在背負過去、指向未來的人事奮鬥中去領悟、感受和發現存在和不

37　《論語‧衛靈公》。

38　《論語‧先進》。

39　《論語‧憲問》。

40　《論語‧微子》。

朽。超越與不朽不在天堂，不在來世，不在那捨棄感性的無限實體，而即在此感性人世中。從而時間自意識便具有突出的意義，在這裡，時間確乎是人的「內感覺」，只是這內感覺不是認識論的（如Kant），而毋寧是美學的。因為這內感覺是一種本體性的情感的歷史感受，即是說，時間在這裡通過人的歷史而具有積澱了的情感感受意義。這正是人的時間作為「內感覺」不同於任何公共的、客觀的、空間化的時間所在。時間成了依依不捨、眷戀人生、執著現實的感性情感的糾纏物。時間情感化是華夏文藝和儒家美學的一個根本特徵，它是將世界予以內在化的最高層次。這也來源於孔子。孔子說：

逝者如斯夫，不舍晝夜。[41]

深沈的感喟，巨大的讚嘆！這不是通由理知，不是通由天啟，而是通由人的情感的滲透，表達了對生的執著，對存在的領悟和對生成的感受。在這裡，時間不是主觀理知的概念，也不是客觀事物的性質，也不是認識的先驗感性直觀；時間在這裡是情感性的，它的綿延或頓挫，它的存在或消亡，是與情感連在一起的。如果時間沒有情感，那是機械的框架和恆等的蒼白；如果情感沒有時間，那是動物的本能和生命的虛無。只有期待（未來）、狀態（現在）、記憶（過去）集於一身的情感的時間，才是活生生的人

---

41 《論語・子罕》。

的生命。在中國藝術中，無論是「人生不滿百，常懷千歲憂，畫短苦夜長，何不秉燭遊」[42]，及時行樂，莫負年華也好；無論是「莫等閑白了少年頭，空悲切」[43]，濟世救民，建功立業也好；無論是化空間為時間的中國建築、繪畫也好；或者是完全由心理的真實來支配和構造時空的中國戲曲也好，都通由時間的情感化而加重了生死感受和人生自覺的分量。它並沒有解決、也不可能解決生死問題，它只是不斷地通過情感而面對著它，品味著它。所以，「語到滄桑意便工」。這樣，有關存在的哲學最終便不在思辨，不在信仰，不在神寵，而就在這人類化了的具有歷史積澱成果的流動著的情感本身。這種情感本身成了推動人際生成的本體力量。孔子對逝水的深沈喟嘆，代表著孔門仁學開啟了以審美替代宗教，把超越建立在此岸人際和感性世界中的華夏哲學——美學的大道。

與現實生活、物質生產、概念語言不同，在情感中，過去、現在和未來可以完全融為整體，變而為獨立的藝術存在。中國藝術是時間的藝術、情感的藝術。前面詳細討論過的「樂」不用再說了，詩文也常常是以情感化的時間或對時間中的情感的直接描寫為特色。「線」則是時間在空間裡的展開，你看那充滿情感的時間之流，那紙、布、物體上的音樂和舞蹈，無論是繪畫中、書法中、詩文中、雕塑中、園林中、建築中，它總在那裡迴旋行動，

---

42 〈古詩十九首〉。

43 傳岳飛詞〈滿江紅〉。

不斷進行。它組成節奏、韻律、人物、圖景、故事、裝飾、主題……，它們流動著、變換著，或輕盈或沈重地走向前方。它自由而有規矩，奔放而有節制。它感性而又內在，表現出衝破有限的超越，但這超越卻又仍在此情感化的時間之中。你能掌握這音樂——線——情感的運動麼？那就是華夏文藝的精神。這精神也就是「逝者如斯夫，不舍晝夜」那謎一樣的在情感中永恆的時間或情感中時間的永恆。正因為追求的是這種情感的永恆，從而像有限現實的寫實、日光陰影的具體描繪、情景的逼真模擬等等，便成為次要的甚至可捨棄的外在假象。具體的情景、人物，也必須是具有永恆的情感意義（如倫理力量）時才被描繪和表現。

Ilya Prigozine 說，具有不可逆性質的時間在雕塑中既凝凍又流逝。由於具有不同的人生內容，時間並不同質。也正因為在藝術中直接感受著這凝凍而又流逝著的時間，而不同質，各種有限的事物的肯定價值便被積澱在藝術和人的這種種感受裡。這就使人的情感心理和人性本體變得豐富、複雜、多樣和深刻。情感化的時間和不同質的時間中的情感，使心理成了超認識超道德的本體存在。可見，正是藝術，直接建造著這個本體，它使人的情欲、感覺和整個心靈，經過對時間的領悟具有了這種哲理的本性。

「我善養吾浩然之氣」：道德與生命

孔子給予禮樂傳統以仁學的自覺意識，孟子則最早樹立起中國審美範疇中的崇高：陽剛之美。這是一種道德主體的生命力量。

看來，所有民族都一樣，無論從歷史或邏輯說，崇高、壯美、陽剛之美總走在優美、陰柔之美的前面，古埃及的金字塔，巴比倫、印度的大石門，中國的青銅饕餮，瑪雅的圖騰柱……，黑格爾稱之為象徵藝術的種種，都以其粗獷、巨大、艱難、宏偉，而給人以強烈的刺激和崇高的感受。它們本是遠古圖騰巫術那種狂熱的觀念、情感的發展和積澱。它們同時又是奴隸們集體艱苦勞動的血汗結晶，並非任何個體的自由創作成果。從而它們以物質客體的巨大形式或尖銳衝突所展示出來的，其實乃是作為群體的人類主體力量的強大。這種強大因具有超越任何個體能量而帶來的神祕性質，為以後各種宗教藝術開啟了大門：碩大無朋、千眼千手的佛像，高聳入雲的尖頂教堂，鮮血淋漓的慘厲壁畫……，都以其震撼人心的崇高，來指向超越有限的神靈或上帝。在這些「藝術」例如在巨大建築面前，感到的的確是個體一己的渺小和那巨大客體的壓倒性的威力和勝利。

本書不準備講崇高的種種理論，包括著名的 Kant 的理性勝利說等等[44]，這裡要指出的只是華夏民族在這方面的特徵。由於禮

樂傳統和孔門仁學對內在人化自然（塑造情欲，陶冶性情）的強調，不同於西方或印度，中國的原始象徵藝術和審美崇高感走上了另一條道路。它直接走向了世俗人際：第一，由神的威力走向人的勳業。第二，由外在功勳走向內在德性。即由崇高走向壯美，由功業的壯美走向道德的偉大。從殷周青銅到《詩經》的〈大雅〉和〈頌〉，可以略窺前一進程，例如殷周銅器的饕餮等紋樣所具有的神人交通的神祕觀念，變而為對氏族祖先和勳業的歌頌、崇拜。由《左傳》、《論語》到《孟子》，則可略窺後一過程，《論語》裡還大講「大哉堯之為君也！巍巍乎，唯天為大，唯堯則之。蕩蕩乎，民無能名焉。巍巍乎，其有成功也；煥乎，其有文章」[45]，這是說，沒有語言能描述堯那偉大的功勳業績；「巍巍」的偉大還是與功勳業績和地位聯繫在一起的。但孟子卻對外在的功業地位頗不重視，「說大人則藐之，勿視其巍巍然」[46]。外在的「巍巍」不再被強調，它從外而內，孟子把這種「巍巍」的「大」作為「壯美」，直接放在個體人格的完成層次上來討論了：

　　浩生不害問曰：「樂正子何人也？」孟子曰：「善人也，信人也」。「何謂善？何謂信？」曰：「可欲之謂善，有諸己之謂信，充實之謂美，充實而有光輝之謂大，大而化之之謂聖，聖而不可知

---

[44] 參看拙著《美學論集・論崇高與滑稽》，上海文藝出版社，1980 年。

[45] 《論語・泰伯》。

[46] 《孟子・盡心下》。

之之謂神。樂正子，二之中，四之下也」。[47]

　　孟子把個體人格劃為善、信、美、大、聖、神六個層次，明確地把「美」與純屬於倫理道德的「善」、「信」區別了開來。並「把『美』擺在『善』、『信』之上。『善』是『可欲』的意思，就是說個體在他的行動中追求『可欲』的東西，即符合於仁義的東西。……『信』是『有諸己』的意思，就是說個體在他的行動中處處都以自己本性中所固有的仁義等原則作為指導，而決不背離它。『美』則是『充實』，就是說個體不但遵循著『善人』、『信人』所履行信守的仁義等等道德原則，而且把它擴展貫注於自己的全人格之中，使自己外在儀容風貌、應對進退等等，處處都自然而然地體現出仁義等等道德原則。所以，『美』是在個體的全人格中完滿地實現了的善……，它包含著善，但又超越了善。……『大』同『美』相連，『聖』同『大』相連，『神』同『聖』相連，一個比一個更高。但又都起始於『美』（『充實』），因而它們都不是單純的道德倫理評價的範疇，而同時是審美評價和目的論的範疇……。

　　『大』是『充實而有光輝』的……壯觀的美。『聖』是『大而化之』的意思，根據孟子對伯夷、柳下惠、特別是對孔子的『聖』的說明，『聖』的特點是不但有一種輝煌壯觀的美，而且還集前代之大成，作出了劃時代的創造，表現了一種非巧智所能達到的力

---

47 同上。

量，並且成為百代的楷模，具有極大的感染化育的力量（參看〈萬
章下〉及〈盡心上〉）。『神』是『聖而不可知』的意思，即達到了
『聖』的境界，卻看不出是如何達到的。『聖』是要賴人力才能成
功的，『神』卻似乎非人力所作為。孟子對美、大、聖、神的區
分，……包含有對美的各種不同情況和性質的觀察和區分，都是
針對人格美而言的」[48]。所謂「聖」、「神」是指與自然界以及宇
宙本身達到「天人合一」。可見，孟子極大地宣揚了倫理和超倫理
的主體力量，一切外在的功業成就（包括藝術創作的「聖」、
「神」），也都不過是個體人格完成的表現或展示而已。在這裡，
從客觀形態來描繪的人格的「美」、「大」（壯美），便與主體心靈
層次的描述聯在一起。而這種主觀心理層次的描述，又仍然是前
述孔子的「樂」（快樂）的哲學延續。

　　孟子繼承了孔子，以審美快樂為最高人生理想，明確地將「事
親」（仁）「從兄」（義）的倫常秩序作為這種快樂的基礎。「仁之
實，事親是也；義之實，從兄是也；智之實，知斯二者弗去是也；
禮之實，節文斯二者是也；樂之實，樂斯二者。樂則生矣，生則
惡可已也，惡可已，則不知足之蹈之、手之舞之」[49]。這是把血
緣基礎、心理原則這兩個孔門仁學要素與人的快樂和生命連接起
來，以構成人生的某種根本，而且：

---

48 李澤厚、劉綱紀：《中國美學史》第 1 卷，第 183～184 頁。
49 《孟子·離婁上》。

　　君子有三樂，而王天下不與存焉。父母俱存，兄弟無故，一
樂也；仰不愧於天，俯不怍於人，二樂也；得天下英才而教育之，
三樂也。[50]

　　這也仍是孔子「飯蔬食飲水」的「樂」、「有朋自遠方來」的
「樂」的連續，即人生的「樂」仍然在普通的日常人際中，在父
母、兄弟、朋友、師生的關係交往中，在我——你中。從而，在
藝術上，「獨樂樂」便不如「與人樂樂」，「少樂樂」便不如「與眾
樂樂」。孟子緊緊遵循著孔子，但氣概是更為闊大偉壯了。因為作
為核心的個體人格是更為突出了，主體的人是更加高大了，「仰不
愧於天，俯不怍於人」，「富貴不能淫，貧賤不能移，威武不能
屈」[51]；在任何事物之前無需退縮，在天地面前無所羞慚和恐懼，
從而就不必低首於任何力量，不必膜拜於任何神靈。這樣的主體
人格觀念難道還不剛強偉大麼？而這也就是「大」、「聖」、「神」。
　　這，也就是中國的陽剛之美。由於它是作為倫理學的道德主
體人格的呈現和光耀，從而任何以外在圖景或物質形式展示出來
的恐懼悲慘，例如那種種鮮血淋漓的受苦受難，那屍橫遍地的醜
惡圖景，那恐怖威嚇的自然力量……，便不能作為這種剛強偉大
的主體道德力量的對手。這裡要突出的恰恰是正面的道德力量的
無可匹敵，是「自反而縮，雖千萬人，吾往矣」[52]的勇敢、主動

---

50 《孟子‧盡心上》。

51 《孟子‧滕文公下》。

和剛強。如果說，Kant 的崇高是以巨大的醜的外在形式來呈現道德理性的勝利，那麼孟子這裡則以道德理性的直接正面呈現為特徵。從而，崇高在這裡不但不再是古代集體勞動的物質成果，而且也不是自然物質的碩大外在形式，它直接成為道德力量在個體生命中的顯示。這道德力量能直接與宇宙相交通，與天地相合一，從而也不再需要任何神力天威，不需要借助於巨大物質形態或獰厲的神祕象徵。個體人格的道德自身作為內在理性的凝聚，可以顯現為一種感性的生命力量。這就是孟子講「氣」最重要的特徵。孟子說：

> 我善養吾浩然之氣……，其為氣也，至大至剛，以直養而無害，則塞於天地之間。其為氣也，配義與道，無是餒也。是集義所生者，非義襲而取之也。行有不慊於心，則餒矣。[53]

最值得注意的是，在這裡，物質性的「氣」（生命感性）是由精神性的「義」（道德理性）的集結凝聚而產生。道德的凝聚變而為生命的力量，因此這生命就不再是動物性的生存，而成為人的存在。這是孔門仁學的人性自覺的另一次重大開拓。所以，「浩然之氣」不單只是一個理性的道德範疇，而且還同時具有感性的品德。這才是關鍵所在。從而，感性與超感性、自然生命與道德主

---

52 《孟子·公孫丑上》。

53 《孟子·公孫丑上》。

體在這裡是重疊交溶的。道德主體的理性即凝聚在自然的生理中，而成為「至大至剛」、無比堅強的感性力量和物質生命。這就把由「美」而「大」而「聖」、「神」的個體人格的可能性過程更加深化了。它們作為道德主體，不只是外觀，不只是感受，也不只是品德，而且還是一種感性生成和感性力量。「浩然之氣」身兼感性與超感性、生命與道德的雙重性質。道德的理性即在此感性存在的「氣」中，這正是孔、孟「內聖」不同宗教神學之所在，是儒家哲學、倫理學、美學的基本特徵。

　　無怪乎，「氣」在中國文化中是首屈一指、最為重要的基本範疇。中醫講「氣」，至今有氣功。占卜講「氣」。輿地、命數講「氣」。哲學講「氣」。文學當然也講「氣」，曹丕說，「文以氣為主」[54]。藝術講「氣」，六朝以「氣韻生動」[55]為繪畫的第一標準。但是，「氣」到底是什麼？至今沒有清楚的界定。是物質嗎？它卻是一種生命力。是精神嗎？它又總與物質相聯繫。曹丕講的文「氣」，就與身體的先天氣質相關，是「父兄不能移之子弟」，「不可力強而致」[56]的。晚清譚嗣同說：「夫浩然之氣，非有異氣，即鼻息出入之氣，理氣此氣，血氣亦此氣，聖賢庸眾皆此氣」[57]，可見它確與生理呼吸有關。而詩文中的「氣貫」、「氣斂」等等，也

54 曹丕：《典論‧論文》。

55 謝赫：《古畫品錄》。

56 曹丕：《典論‧論文》。

57 《譚嗣同全集‧石菊影廬筆識‧思篇》。

的確與句法、聲調、結構的朗讀、默讀從而在創作中欣賞中生理上的呼吸節奏、快慢、韻律有關。但它又不是簡單的生理呼吸功能所能解釋或概括的。上章曾講到中國文藝重視形式的建立、技巧的熟練、範本的模擬，其中便不只是理性的了解，更重要的是包括有這種感性力量的訓練和把握。但「氣」又不只是感性物質性的，還有所謂「風氣」、「氣運」等等，則又與一定社會性相聯繫。《文心雕龍‧時序》說：「風衰俗怨，梗概多氣」。總之，「氣」身兼道德與生命、物質與精神的雙重特點；它作為一種凝聚理性而可以釋放出能量來的感性生命力量，是由孟子首先提出的。

如前所述，在孟子，這種感性生命力量因為是由理性的凝聚即由道德支配感性行動的剛強意志，外界的一切都不能阻撓它、動搖它。所以，這裡重點是理性的主宰和控制，表現在美學理論上，就有「主敬」、「銜勒」、「節宣」的提法，如「吐納文藝，務在節宣；清和其心，調暢其氣」[58]，「凡為文章，猶人乘騏驥，雖有逸氣，當以銜勒制之」[59]，「臨文主敬，一言以蔽之矣。主敬則心平，而氣有所攝，自能變化從容以合度」[60] 等等。後世詩文藝術中講求的種種「氣勢」「骨氣」「運骨於氣」等等，也都是從這裡派生出來，都與主體的理性修養如何駕馭感性，而成為由意志支配主宰的物質力量有關。例如，所謂「骨」，經常就是靜止狀態

---

58 《文心雕龍‧養氣》。

59 《顏氏家訓‧文章》。

60 《文史通義‧文德》。

的「氣」，即所謂「骨力」。所謂「勢」，經常便是儲藏著能量的「氣」，是一種勢能，如所謂「高屋建瓴，勢如破竹」即是。總之，文藝講究的陽剛之氣，經常與這種氣勢、骨力相關，即它主要不在於外在面貌，而在所蘊含的內在的巨大生命——道德的潛能、氣勢。所以，即使沒有長江大河、高山崇岳、日月光華，它也可以顯露。它是在任何形態或形象中凝聚了的主體道德——生命力量，這種力量經常通過高度概括化了的節奏、韻律等感性語言而呈現。杜甫的詩，韓愈的文，顏真卿的字，范寬的畫，關漢卿的戲曲等等，都如此。

　　孟子把崇高化為氣勢，並沒停留在純理性的主體道德上，而是要求把主體的道德人格、精神超越與大自然以及整個宇宙聯繫統一起來，即所謂「其為氣也，至大至剛，以直養而無害，則塞於天地之間」。孟子提出憑這種「集義而生」的「浩然之氣」，便可以與天地宇宙相交通，而達到「天人同一」。這也就是後來文天祥〈正氣歌〉開宗明義所解釋的「天地有正氣，雜然賦流形，下則為河嶽，上則為日星，於人曰浩然，沛乎塞蒼溟」。孟子講了許多「存其心，養其性，所以事天也」[61]，「夫君子所過者化，所存者神，上下與天地同流」[62]等等，都是講的這個問題，都是要指出道德主體所具有的感性生命力量可以與天地宇宙相交流、相同一，即由人而天，由道德——生命而天人同構。這正是本章要講

---

61 《孟子·盡心上》。

62 同上。

的下一個命題。

 ## 「日新之謂盛德」：天人同構

　　由於宋明理學的緣故，人們經常只把孔、孟看作儒學正統；其實，沒有荀子這根線索，儒學恐怕早已完結。「沒有荀子，便沒有漢儒；沒有漢儒，就很難想像中國的文化是什麼樣子」[63]。孟、荀是儒學不可缺的雙翼。

　　荀子的特點在於強調用倫理、政治的「禮義」去克制、約束、管轄、控制人的感性欲望和自然本能，要求在外在的「禮」的制約下去滿足內在的「欲」，在「欲」的滿足中去推行「禮」。「欲」因「禮」的實行而得到合理的滿足，「禮」因「欲」的合理滿足而得到遵循。如果說，孟子是以先驗的道德主宰、貫注人的感性而提出「人性（社會的理性）善」的話；那麼，荀子則以現實的秩序規範改造人的感性而提出「人性（生物的自然感性）惡」。這是分道揚鑣，但又同歸於如何使個體的感性積澱社會的理性這一孔門仁學的共同命題。

　　如何使個體感性中積澱社會的理性呢？在荀子看來，這就必

63 《中國古代思想史論》第 4 章。

須刻苦地持久地學習和修養，才能使心靈喜歡道德（理性），達到如同眼睛喜歡美色，耳朵喜歡美音，口胃喜歡美食那樣。但與孟子不同，荀子認為這種對內在自然的教育塑造和人格建立並不就是目的自身，內在自然的人化是為了外在事業的建樹，即「治國平天下」。所以，荀子的特點在於強調人作為主體的外在作為，即人對整個世界包括內外自然的全面征服。這種征服遠遠不能只是道德上、精神上的，而更必須是現實上、物質上的。這亦即是荀子著名的「制天命而用之」的偉大思想：

　　性者，本始材樸也；偽者，文理隆盛也。無性，則偽之無所加；無偽，則性不能自美。[64]北海則有走馬、吠犬焉，然而中國得而畜使之；南海則有羽翮、齒革、曾青、丹干焉，然而中國得而財之；東海則有紫綌、魚鹽焉，然而中國得而衣食之；西海則有皮革、文旄焉，然而中國得而用之……故天之所覆，地之所載，莫不盡其美，致其用，上以飾賢良，下以養百姓而安樂之，夫是謂之大神。[65]

　　這是不同於孟子的另一種「神」，是對人類主體性的現實改造力量的概括和歌頌。這種力量不表現在道德主體或內在意志結構的建立上，而表現在對內在外在自然的現實征服和改造上。它不

---

64 《荀子·禮論》。

65 《荀子·王制》。

是從個體人格著眼,而更多是從人類總體(歷史與現實)著眼。在那麼早的時代,便如此剛健有力地樹立起對人的群體作為主體性的物質能動力量的確認,特別是其中包括對人類由於使用工具而區別於動物界的素樸觀念,在世界哲學史上,也是極其少見的偉大思想。與孟子樹立起人的主體性的內在人格相輝映,荀子這種外向開拓性的哲學光輝,直接反射著也照耀著自戰國以至秦漢以征服世界為主題特色的偉大藝術。這一點已在別處講過了[66]。在理論上,則直接開啟了「人與天地參」的儒學世界觀在《易傳》中的建立。

《易傳》是荀子的繼承和發展[67]。它的特色是保存和擴展了荀子那種向外開拓的物質性實踐活動的剛健本色,同時又摒棄了「制天命而用之」「天人相分」的命題而回到「天人合一」的心理情感的軌道上。但這一回歸卻極大地擴展和豐富了原有命題,其特點在於:《易傳》系統地賦予「天」以人類情感的性質。它所強調的「人與天地參」,便不再是荀子那種征服自然的抗爭形態,而採取了順應自然的同構形態。這可以與孟子的先驗道德論和天命論相聯繫,但《易傳》並不是回到孟子,相反,《易傳》的「天」雖不再是荀子純自然的「天」,卻也不是孟子內在主宰的「天」。它並不像孟子那樣從個體人格和內在心性的道德論出發,而是仍如荀子那樣,從廣闊的人類物質活動和歷史以及自然環境出發[68]。

---

66 參看《美的歷程·楚漢浪漫主義》。

67 參看《中國古代思想史論·荀易庸記要》。

因之，《易傳》的「天」仍是外在自然，卻類比地擬人地具有著道
德的品德和情感的內容。這種品格和情感又只是色調，而並非真
正的人格意志。它實質上是審美的、藝術的，而不是宗教神學的
或科學認識的。《易傳》說「天行健（或乾），君子以自強不
息」[69]、「天地之大德曰生」[70]、「日新之謂盛德，生生之謂
易」[71]……都如此。

　　《易傳》中沒有人格神對人的主宰支配，相反，它強調的是
人必須奮發圖強，不斷行進，才能與天地自然同步。天地自然在
晝夜運轉著、變化著、更新著，人必須採取同步的動態結構，才
能達到與整個自然和宇宙相同一，這才是「與天地參」，即人的身
心、社會群體與天地自然的同一，亦即「天人合一」。這種「同
一」或「合一」，不是靜態的存在，而是動態的進行，此即「日新
之謂盛德」。

　　可見，孔門仁學由心理倫理而天地萬物，由人而天，由人道
而天道，由政治社會而自然、宇宙。由強調人的內在自然（情、
感、欲）的陶冶塑造到追求人與自然、宇宙的動態同構，這就把
原始儒學推到了頂峰。宇宙、自然的感性世界在這裡既不是負性
的（如在許多宗教那裡），也不是中性的（在近代科學那裡），而

---

68 同上。

69 《易・乾卦》。

70 《易・繫辭下》。

71 《易・繫辭上》。

是具有肯定意義和正面價值的，並且具有一種情感性的色調和性質。這是孔、孟、荀肯定人的感性存在和生成、重視感性生命的基本觀點一種世界觀的昇華。

這感性世界的肯定性價值，不是上帝或人格神所賦予，而是通過人的自覺意識和努力來達到。在這裡，天大，地大，人亦大，天人是相通而合一的。從而，人可以以其情感、思想、氣勢與宇宙萬物相呼應，人的身心作為的一切規律和形式（包括藝術的一切規律和形式），也正是自然界的宇宙普遍規律和形式的呼應，例如運動、流變、動態平衡、對應統一等等。《易傳》很強調「剛柔相推而生變化」[72]。就自然界說，「日月相推而明生焉，……寒暑相推而歲成焉」[73]。就人世說，「通變之謂事」[74]，「功業見乎變」[75]。所以說「天地變化，聖人效之」[76]。「易：窮則變，變則通，通則久，是以自天佑之，吉無不利」[77]。人類應當效法自然，在變化運行中去不斷建功立業，求取生成和發展。

《周易》這種認為自然與人事只有在運動變化中存在的看法，即「生成」的基本觀點，也正是中國美學高度重視運動、力量、韻律的世界觀基礎。整個天地宇宙既然存在於它們的生生不息的

---

72 《易·繫辭上》。

73 《易·繫辭下》。

74 《易·繫辭上》。

75 《易·繫辭下》。

76 《易·繫辭上》。

77 《易·繫辭下》。

運動變化中，美和藝術也必須如此。就在似乎是完全沒有具體事物或現實內容的最抽象的中國書法藝術裡，強調的也是這種與大自然相共有而同構的動態的氣勢、筋骨、運轉。在繪畫中也如是，東晉「筆陣圖」（傳衛鑠作，實唐代作品[78]）有「百鈞弩發」「崩浪富奔」等等描容，五代《筆法記》（荊浩）也有「運轉變通，不質不形」的傳授。中國之所以講究「線」的藝術，正因為這「線」是生命的運動和運動的生命。所以中國美學一向重視的不是靜態的對象、實體、外貌，而是對象的內在的功能、結構、關係；而這種功能、結構和關係，歸根到底又來自和被決定於動態的生命。近代著名書家沈尹默說，「不論石刻或是墨跡，表現於外的，總是靜的形勢；而其所以能成就這樣的形勢，卻是動的成果、動的勢，今則靜靜地留在靜的形中。要使靜者復動，就得通過耽玩者想像體會的活動，方能期望它再現在眼前。於是在既定的形中，就會看到活潑地往來不定的勢。在這一瞬間，不但可以接觸到五光十色的神彩，而且還會感覺到音樂般輕重疾徐的節奏。凡是有生命力的字，都有這種魔力，使你越來越活」[79]。書法如此，建築亦然，這種物質性很強，看來是完全靜止的藝術，卻通過化空間為時間，而使靜中有動，給它注入舒展流走的動態情感[80]。缺乏內在的動態勢能和主體生命，無論在詩、文、書、畫、建築中，都

---

78 李澤厚、劉綱紀：《中國美學史》第 2 卷第 12 章第 2 節。

79 見《現代書法論文選》，上海書畫出版社，1980 年，第 120 頁。

80 參看《美的歷程·先秦理性精神》。

被中國美學看作是水平低劣的表現。這與《周易》強調運動變化的「天人同構」的世界觀是有關係的。《周易》這種天人同構的運動世界觀，顯然把孟子強調道德生命的氣勢美，經過荀學的洗禮後，提到了宇宙普遍法則的高度，成為儒家美學的核心因素，它也是儒家美學的頂峰極致。

　　《易傳》所強調功能、關係和動態，是與陰陽的觀念不可分離的。一切運動、功能、關係都建立在陰陽雙方的互相作用所達到的滲透、協調、推移和平衡中，這也就是《易傳》所首先描述而為後世所不斷發展的種種陽剛陰柔、陽動陰靜、陽虛陰實、陽舒陰斂、陽施陰受、陽上陰下、陽亢陰降等等既對立又統一的具體的動態關係。它也正是上章所述「樂從和」的「相雜」「相濟」原理的充分展開和發展。《周易》說：「天下至動而不可亂也」[81]。「至動而不可亂」，即是在各種運動變化中，在種種雜亂對立中，在相摩相蕩中，仍然保持著自身的秩序。華人和華夏藝術的美的理想正是如此。它不求凝固的、不變的永恆，而求動態的平衡、雜多中的和諧、自然與人的相對應而一致，把它看作是宇宙的生命、人類的極致、理想的境界，「生成」的本體。

　　這種天人同構、同類相感的觀念本也根源於原始人的類比聯想和巫術宗教[82]，以《周易》為最高代表的儒家丟掉了那些巫術、神話和宗教的解釋，將它世俗化、實用化、理知化，形成了這樣

---

81 《易‧繫辭上》。

82 參看 Frazer, *The Golden Bough*。

一個天人（即自然──社會）相通的哲學觀。這個哲學觀在漢代經陰陽家的自覺溶入，便發展豐富而成為一個完整的宇宙論系統，它以突出的形態表現在董仲舒的哲學中[83]。

本來，〈樂記〉中就有「萬物之理，各依類而動」的觀點。在董仲舒這裡，人類的情感與天地自然更是非常具體地相類比而感應了。董仲舒強調自然現象的變化同人的情感的變化有一種相等同、相類似、相互感通、相互對應的關係。董仲舒說：

天亦有喜怒之氣，哀樂之心，與人相副。以類合之，天、人一也。[84]

人生有喜怒哀樂之答，春秋冬夏之類也。喜，春之答也；怒，秋之答也；樂，夏之答也；哀，冬之答也。天人副在乎人，人之情性有由天者矣。[85]

夫喜怒哀樂之發，與清暖寒暑，其實一貫也。喜氣為暖而當春，怒氣為清而當秋，樂氣為太陽而當夏，哀氣為太陰而當冬。[86]

今平地注水，去燥就濕；均薪施火，去濕就燥。百物去其所與異，而從其所與同。故氣同則會，聲比則應，其驗，皦然也。試調琴而錯之，鼓其宮則他宮應之，鼓其商而他商應之。五宮相

---

83 詳見《中國古代思想史論・秦漢思想簡議》。

84 《春秋繁露・陰陽義》。

85 《春秋繁露・為人者天》。

86 《春秋繁露・陰陽尊卑》。

比而自鳴，非有神，其數然也。美事召美類，惡事召惡類，類之
相應而起也。[87]

　　這種「天人感應」（自然、季候、政治、人體、社會、情感等
等相比類而共感）的說法，並非董仲舒首次提出，但他對這種說
法作了前所未見的全面系統化地擴展。其中，包含著對主體心理
情感與外界事物的同形同構關係的素樸的觀察和猜測。這種「天
人感應」的陰陽五行系統論的宇宙觀，在漢代逐漸成為整個社會
所接受的主要的統治意識形態，並一直影響到今天。它同審美和
藝術創造也有密切關係，並極大地影響了後世的美學和文藝理論。
　　就詩論來看，如：

　　春秋代序，陰陽慘舒。物色之動，心亦搖焉。蓋陽氣萌而玄
駒步，陰律凝而丹鳥羞，微蟲猶或入感，四時之動物深矣。若夫
珪璋挺其惠心，英華秀其清氣，物色相召，人誰獲安！是以獻歲
發春，悅豫之情暢；滔滔孟夏，郁陶之心凝；天高氣清，陽沈之
志遠；霰雪無垠，矜肅之慮深。歲有其物，物有其容，情以物遷，
辭以情發。[88]

　　這裡沒有董仲舒的那些神祕的說法了，但仍然確認春、夏、

87　《春秋繁露‧同類相助》。

88　《文心雕龍‧物色》。

秋、冬的季節和物容的變化同人的情感變化有一種對應關係。

歷代畫論也有類似的看法。

春山煙雲綿連，人欣欣。夏山嘉木繁陰，人坦坦。秋山明淨
搖落，人蕭蕭。冬山昏霾翳塞，人寂寂。[89]

山於春如慶，於夏如競，於秋如病，於冬如定。[90]

春山如笑，夏山如怒，秋山如妝，冬山如睡；四山之意，山
不能言，人能言之。[91]

「天人同一」、「天人相通」、「天人感應」，是華夏美學和藝術
創作中廣泛而長久流行的觀念，這正是自《周易》經董仲舒所不
斷發展的儒家美學的根本原理，也是幾千年來中國歷代藝術家所
遵循的美學原則。從今天看來，這一原則卻又正是「自然的人化」
的思想在中國古代哲學和美學中的粗略的和扭曲的表現。

前面已講到孟子關於大──壯美的理論，主要是道德主體的
生命力量。《易經》之後，它便日益成為「天人同構」的動態進程
了。《易經》關於乾坤、剛柔、男女、陰陽等等的論述中，特別著
重於陽。《周易》賦予〈乾卦〉以首要和最高位置，指出「乾」是

---

89 郭熙：《林泉高致》。

90 沈顥：《畫塵》，轉引自沈子丞編《歷代論畫名著編》，文物出版社，北
京，1982 年，第 235 頁。

91 惲格：《畫跋》。

既美且大，「乾始能化美利利天下，不言所利，大矣哉」[92]。這個「乾」，就是董仲舒所極力崇奉的「天」。「天」（「乾元」）的生長本性成就了萬物，卻不言說自己，便是偉大。這偉大也正在於它（「天」、「乾」）是永遠運動著的剛健力量。正是它推動著世界的發生、萬物的成長。所以，儒家美學列以為首位的「陽剛」之美，又總是與健壯的感性力量，與生長苗壯、生動活躍……聯繫在一起的。就是到了以「沖淡」為美的最高標準的後期封建社會，在美學理論上，也仍然不能不承認陽剛之美的首要位置。如上章所述，司空圖《詩品》仍然以「雄渾」——「寥寥長風，荒荒油雲」開篇，嚴羽《滄浪詩話》也仍然要把李、杜奉為正宗。這一切也可以看出，即使在千年之後受到了佛教的影響，儒家和《易傳》的基本精神仍難以動搖。

　　《易經》的剛健乾元不但與儒家孟、荀有關，而且還有其更深厚的歷史根底。《易傳》中在闡釋〈乾卦〉時，多次提到了龍的形象，如「飛龍在天」或「入於淵」或「見於田」，這表明《易傳》有其遠古原始文化的根源。本來，龍就是具有巨大神祕力量的遠古華夏的圖騰形象[93]。

　　由「龍」的神奇偉大、不可方物的魔力，到孟子的「集義所生」的氣勢，到荀子、《易傳》的「天行」剛健，到董仲舒的自然——社會的陽陰五行系統論，無論是圖騰符號，還是倫理主體

---

92 《易・乾卦》。

93 參看《美的歷程・龍飛鳳舞》。

（孟），或者是宇宙法規（荀、易、董），都是將人的整個心理引向直接的昂揚振奮、正面的樂觀進取。它不強調罪惡、恐怖、苦難、病夭、悲慘、怪屬諸因素，也很少有突出的神祕、壓抑、自虐、血腥……，突出的是對人的內在道德和外在活動的肯定性的生命讚嘆和快樂，即使是災禍、苦難，也認為最終會得到解救：

> 家道窮必乖，故受之以睽，睽者，乖也。乖必有難，故受之以蹇。蹇者，難也。物不可以終難，故受之以解。[94]

「物不可以終難」，便從根本上排斥了不可戰勝的命運觀念。這大約也是中國古代何以沒有產生古希臘那種動心驚魄令人震撼的偉大悲劇作品的原因。

在一切民族裡，崇高總先於優美；在中國，由於一開頭便排斥了罪惡、苦難、悲慘、神祕等等強烈的負性因素，從而也經常避開了現實衝突中那異常慘屬苦痛的一面，總是以大團圓的結局精神來安撫、欣慰、麻痹以至欺騙受傷的心靈。現實的和心靈的流血看不見了，只剩下一團和氣，有如魯迅所痛切深刻地揭露過的那樣。宗白華從另外的角度也說：「……中國人感到宇宙全體是大生命流動，其本身就是節奏與和諧，人類社會生活裡的禮和樂是反射著天地的節奏與和諧。一切藝術境界都根基於此。但西洋文藝自希臘以來所富有的悲劇精神，在中國藝術裡卻得不到充分

---

94 《易·序卦》。

的發揮，又往往被拒絕和閃躲。人性由劇烈的內心矛盾才能掘發出的深度，往往被濃摯的和諧願望所淹沒。固然中國人心靈裡並不缺乏那雍穆和平大海似的幽深，然而由心靈的冒險，不怕悲劇，從窺探宇宙人生的危岩雪嶺，而為莎士比亞的悲劇、貝多芬的樂曲，這卻是西洋人生波瀾壯闊造詣」[95]。

　　這相當委婉地道出了中國美學的特徵。這就是以非酒神型的「禮樂傳統」為歷史根基，以「浩然之氣」和「天人同構」為基本特點的儒家美學所產生出來的長處和弱點、優點和問題。

　　從本章和上章可以看出，儒學美學是華夏美學的基礎和主流，它有著深厚的傳統淵源和深刻的哲學觀念，它的系統論的反饋結構又使它善於不斷吸取和同化各種思潮、文化、體系而更新、發展自己[96]。

　　下面便是道、騷、禪各家如何在與儒家美學相歧異、碰撞中出現而又被吸收同化，從而使華夏美學不斷前進的粗略概觀。

---

95 宗白華：〈藝術與中國社會〉，見《學識》第 1 卷 12 期，南京，1947 年
　　10 月。

96 參看《中國古代思想史論》。

三、儒道互補

「逍遙遊」：審美的人生態度

在《美的歷程》一書中，我提出「儒道互補」這個概念，在某些人反對過一陣之後，看來現在已被普遍接受。其實，這是一個眾所周知、前人也多次講過的歷史事實。儒道之所以能互補，我以為根本原因仍在於，它們二者都源起於非酒神型的遠古傳統，儘管道家反禮樂，卻並不是那縱酒狂歡、放任感性的酒神精神。從思想史的角度看，道家的主要代表莊子，毋寧是孔子某些思想、觀念和人生態度的推演、發展者。所以，《美的歷程》曾認為：

還要從孔子開始。孔子世界觀中的懷疑論因素和積極的人生態度（「敬鬼神而遠之，可謂知矣」，「知其不可而為之」等等），一方面終於發展為荀子、《易傳》的樂觀進取的無神論（「制天命而用之」，「天行健，君子以自強不息」），另方面則演化為莊周的泛神論。孔子對氏族成員個體人格的尊重（「三軍可奪帥也，匹夫不可奪志也」），一方面發展為孟子的偉大人格理想（「富貴不能淫，貧賤不能移，威武不能屈」），另方面也演化為莊子的遺世絕俗的獨立人格理想（「彷徨乎塵垢之外，逍遙乎無為之業」）。表面看來，儒、道是離異而對立的，一個入世，一個出世，一個樂觀進取，一個消極退避；但實際上它們剛好相互補充而協調。不但

「兼濟天下」與「獨善其身」經常是後世士大夫的互補人生路途，而且悲歌慷慨與憤世嫉俗，「身在江湖」而「心存魏闕」，也成為中國歷代知識分子的常規心理以及其藝術意念。但是，儒、道又畢竟是離異的。如果說荀子強調的是「性無偽則不能自美」；那麼莊子強調的卻是「天地有大美而不言」，前者強調藝術的人工製作和外在功利，後者突出的是自然，即美和藝術的獨立。如果前者由於以其狹隘實用的功利框架，經常造成對藝術和審美的束縛、損害和破壞；那麼，後者則恰恰給予這種框架和束縛以強有力的衝擊、解脫和否定。浪漫不羈的形象想像，熱烈奔放的情感抒發，獨特個性的追求表達，它們從內容到形式不斷給中國藝術發展提供新鮮的動力。莊子儘管避棄現世，卻並不否定生命，而毋寧對自然生命抱著珍貴愛惜的態度，這使他的泛神論的哲學思想和對待人生的審美態度充滿了感情的光輝，恰恰可以補充、加深儒家而與儒家一致。所以說，老、莊道家是孔學儒家的對立的補充者。

那麼，這個「對立的補充」是如何具體進行的呢？我以為，道家和莊子提出了「人的自然化」的命題，它與「禮樂」傳統和孔門仁學強調的「自然的人化」，恰好既對立，又補充。

如果說，儒家孔、孟、荀著重在人的心理情性的陶冶塑造，著重在人化內在的自然，使「人情之所必不免」的自然性的生理欲求、感官需要取得社會性的培育和性能，從而它所達到的審美狀態和審美成果經常是悅耳悅目、悅心悅意，大體限定或牽制在人際關係和道德領域中；那麼，以莊子為代表的道家特徵卻恰恰

在於超越這一點。莊子說：

> 顏回曰：回益矣。仲尼曰：何謂也？曰：回忘仁義矣。曰：
> 可矣，猶未也。他日，復見，曰：回益矣。曰：何謂也？曰：回
> 忘禮樂矣。曰：可矣，猶未也。他日，復見，曰：回益矣。曰：
> 何謂也？曰：回坐忘矣。仲尼蹴然曰：何謂坐忘？顏回曰：墮肢
> 體，黜聰明，離形去知，同於大通，此謂坐忘。仲尼曰：同則無
> 好也，化則無常也。而果其賢乎！丘也請從而後也。[1]

　　連孔老夫子也願「從而後」的「坐忘」，是莊子抬出來以超越
儒家的「禮樂」（作用於肢體、感官）「仁義」（訴之於心知、意
識）的更高的人生境界和人格理想。這個人格和境界的特點即在
於，它鄙棄和超脫了耳目心意的快樂，「形如槁木，心如死灰」，
超功利，超社會，超生死，亦即超脫人世一切內在外在的欲望、
利害、心思、考慮，不受任何內在外在的好惡、是非、美醜以及
形體、聲色……的限制、束縛和規範。這樣，也就使精神比如身
體一樣，能翱翔於人際界限之上，而與整個大自然合為一體。所
以，如果說儒家講的是「自然的人化」，那麼莊子講的便是「人的
自然化」：前者講人的自然性必須符合和滲透社會性才成為人；後
者講人必須捨棄其社會性，使其自然性不受污染，並擴而與宇宙
同構才能是真正的人。莊子認為只有這種人才是自由的人、快樂

---

1 《莊子・大宗師》。

的人，他完全失去了自己的有限存在，成為與自然、宇宙相同一的「至人」、「神人」和「聖人」。所以，儒家講「天人同構」、「天人合一」，常常是用自然來比擬人事、遷就人事、服從人事，莊子的「天人合一」，則是要求徹底捨棄人事來與自然合一；儒家從人際關係中來確定個體的價值，莊子則從擺脫人際關係中來尋求個體的價值。這樣的個體就能作「逍遙遊」：

> 若夫乘天地之正，而御六氣之辯，以遊無窮者，彼且惡乎待哉。[2]
>
> 乘雲氣，騎日月，而遊乎四海之外。死生無變於己，而況利害之端乎？[3]
>
> 與造物者為人，而遊乎天地之一氣……忘其肝膽，遺其耳目；反覆始終，不知端倪；茫然彷徨乎塵垢之外，逍遙乎無為之業。[4]

這種「逍遙遊」是「無所待」，從而絕對自由。它「忘其肝膽，遺其耳目」，「死生無變於己，而況利害之端」，連生死、身心都已全部忘懷，又何況其他種種？正因為如此，它就能獲得像大自然那樣巨大的活力：「搏扶搖而上者九萬里」，「背負青天而莫之夭閼者」[5]。這是一種莫可阻擋的自由和快樂。莊子用自由的飛

---

2 《莊子·逍遙遊》。

3 《莊子·齊物論》。

4 《莊子·大宗師》。

翔和飛翔的自由來比喻精神的快樂和心靈的解放，是生動而深刻
的。之所以生動，因為它以突出的具體形象展示了這種自由；之
所以深刻，因為它以對自由飛翔所可能得到的高度的快樂感受，
來作為這種精神自由的內容。這是在二千多年以前。就在今天，
如果能不假借於飛機飛艇，而能「御風而行」，「遊於無窮」，那也
該是多麼愉快的事。只在睡眠中，有時才有這種愉快的飛行之夢，
據 Freud，那與性欲的變相宣泄有關，它的確展示了生存的極大
愉快。

　　當然，莊子講的主要並非身體的飛行，而是由精神的超脫所
得的快樂。這種「快樂」不是「有朋自遠方來不亦樂乎」（孔）的
樂，不是「得天下英才而教育之」（孟）的樂。它已不是儒家那種
屬倫理又超倫理的樂，而是反倫理和超倫理的樂。不僅超倫理，
而且是超出所有喜怒哀樂、好惡愛憎之上的「天樂」。所謂「天
樂」，也就是與「天」（自然）同一，與宇宙合規律性的和諧一致：

　　與天和者，謂之天樂。[6]

　　知天樂者，其生也天行，其死也物化……無天怨，無人
非……，以虛靜推於天地，通於萬物，此之謂天樂。[7]

5　《莊子・逍遙遊》。

6　《莊子・天道》。

7　《莊子・天道》。

與這種「天樂」相比，任何耳目心意的樂就不但低劣得無法比擬，而且還正是與這「天樂」相敵對而有害：

鐘鼓之音，羽旄之容，樂之末也。[8]

失性有五，一曰五色亂目，使目不明；二曰五聲亂耳，使耳不聰；三曰五臭薰鼻，困慣中顙；四曰五味濁口，使口厲爽；五曰趣舍滑心，使性飛揚。此五者，皆生之害也。[9]

悲樂者，德之邪；喜怒者，道之過；好惡者，心之失。[10]

可見，這種「逍遙遊」獲得的「天樂」，是以排除所有這些耳目心意的感受、情緒為前提，從而它是以「忘」為特點的：忘懷得失，忘己忘物。莊子一再強調的，正是這個「忘」字：「相忘以生」，「不如相忘於江湖」，「吾喪我」，以及蝴蝶莊周的著名故事（「不知周之夢為蝴蝶歟，蝴蝶之夢為周歟」[11]）。只有完全忘掉自己的現實存在，忘掉一切耳目心意的感受計慮，才有可能與萬物一體而遨遊天地，獲得「天樂」。所以，這種「天樂」並不是一般的感性快樂或理性愉悅，它實際上首先指的是一種對待人生的審美態度。

---

8 同上。

9 《莊子・天地》。

10 《莊子・刻意》。

11 《莊子・齊物論》。

　　它之所以是審美態度，是因為它的特點在於：強調人們必須截斷對現實的自覺意識，「忘先後之所接」，而後才能與對象合為一體，獲得愉快。莊子的所謂「心齋」可以作這種解釋。

　　敢問心齋。仲尼曰，若一志，無聽之以耳，而聽之以心；無聽之以心，而聽之以氣。聽止於耳，心止於符。氣也者，虛而待物者也。唯道集虛。虛者，心齋也。……虛室生白，吉祥止止。[12]

　　感官受制於見聞，心思被束於符號；只有摒棄它們，成為無為的虛空，而後才能感應天地、映照萬物，達到與宇宙自然合一。這也就是上述的「天樂」。「天樂」在莊子眼裡，也就是「至樂」，即最大的快樂。但「至樂無樂」，最大的快樂恰恰超越了一般的樂或不樂。它無所謂樂不樂，它已經完全失去了主觀的目的、意志、感受、要求，而與自然的客觀規律性並成一體。要做到這一點，就必須「虛」、「靜」、「明」，即排除耳目心意，從而培育、發現、鑄造實即積澱成一種與道同體（「唯道集虛」）的純粹意識和知覺。這有點類似於 Husserl 的「純粹意識」，但它不是認識論的。

　　莊子關於這種「虛」、「靜」、「明」有大量論述。如：

　　靜則明，明則虛，虛則無為而無不為也。[13]

---

12 《莊子·人間世》。
13 《莊子·庚桑楚》。

　　水靜猶明，而況精神！聖人之心靜乎！天地之鑒也，萬物之鏡也。[14]

　　總之，不為一時之耳目心意所左右，截斷意念，敞開觀照，這樣精神便自由了，心靈便充實了，人便可以逍遙遊了，「天地與我並生，萬物與我為一」[15]的最高境界也就達到了。

　　可見，比儒家《周易》所強調的同構吻合、天人感應又進了一步，莊子這裡強調的是完全泯滅物、我、主、客，從而它已不止是同構問題（在這裡主客體相吻合對應），而是「物化」問題（在這裡主客體已不可分）。這種主客同一卻只有在上述那種「純粹意識」的創造直觀中才能呈現。它既非心理因果，又非邏輯認識，也非宗教經驗，只能屬於審美領域。

　　莊子與惠子遊於濠梁之上。莊子曰，鯈魚出游從容，是魚樂也。惠子曰，子非魚，安知魚之樂？莊子曰，子非我，安知我不知魚之樂？惠子曰，我非子，固不知子矣。子固非魚也，子之不知魚之樂，全矣。莊子曰，請循其本，子曰汝安知魚樂云者，既已知吾知之而問我，我知之濠上也。[16]

14　《莊子・天道》。

15　《莊子・齊物論》。

16　《莊子・秋水》。

在這個著名的論辯中，惠子是邏輯的勝利者，莊子卻是美學
的勝利者。當莊子遵循著邏輯論辯時，（「子非我，安知我不知魚
之樂？」）他被惠子打敗了。但莊子立即回到根本的原始直觀上：
你是已經知道我知道魚的快樂而故意問我的，我的這種知道是直
接得之於濠上的直觀；它並不是邏輯的，更不是邏輯議論、理知
思辨的對象。本來，從邏輯上甚至從科學上，今天恐怕也很難證
明何謂「魚之樂」。「魚之樂」這三個字究竟是什麼意思，恐怕也
並不很清楚。魚的從容出游的運動形態由於與人的情感運動態度
有同構照應關係，使人產生了「移情」現象，才覺得「魚之樂」。
其實，這並非「魚之樂」而是「人之樂」；「人之樂」通過「魚之
樂」而呈現，「人之樂」即存在於「魚之樂」之中。所以它並不是
一個認識論的邏輯問題，而是人的情感對象化和對象的情感化、
泛心理化的問題。莊子把這個非邏輯方面突出來了。而且，突出
的又並不止是這種心理情感的同構對應，莊子還總是把這種對應
泯滅，使魚與人、物與己、醒與夢、蝴蝶與莊周……，完全失去
界限。「……夢為鳥而屬乎天，夢為魚而沒於淵。不識今之言者，
其覺者乎？其夢者乎？造適不及笑，獻笑不及排，安排而去化，
乃入於寥天一」[17]。這種不知夢醒、物我、主客而與「道」同一
（「寥天一」，即「道」）的境地，便是最適意不過的了。它是最高
的快樂，也即是真正的自由。《莊子》的眾多注釋者們曾指出：

17 《莊子‧大宗師》。

造適不及笑：形容內心達到最適意的境界（李勉說）。

林希逸說：意有所適，有時而不及笑者，言適之甚也。亦猶在詩所謂「驚定乃拭淚」。樂軒先生亦云，「及我能哭，驚已定矣」。此言驚也，造適言喜也。驚喜雖異，而不及之意同。

獻笑不及排：形容內心適意自得而於自然中露出笑容。林希逸說：「此笑出於自然，何待安排」……[18]

這不是高級的審美快樂又是什麼呢？它既非宗教的狂歡，又非世俗的快樂，正是一種忘物我、同天一、超利害、無思慮的所謂「至樂」「天樂」。

上引對「造適不及笑」的注釋，似乎主要是從心理角度去描述的審美事實。其實這裡更重要的是，莊子強調這種審美事實的哲學意義：作為莊子的最高人格理想和生命境地的審美快樂，不止是一種心理的快樂事實，而更重要的是一種超越的本體態度。這種態度並不同於動物的渾渾噩噩、無知無識，儘管莊子強調它們在現象形態上的相同或相似。它既不是動物性的自然感性，又不是先驗的產物或神的恩寵，而是在人的經驗中又超經驗的積澱本體和形上境界，是經由「心齋」「坐忘」才能達到的純粹意識和創造直觀。它強調的是人與自然（天地萬物）的同一，而並非捨棄自然（天地萬物）。它追求在與宇宙、自然、天地萬物同一中，即所謂「與道冥一」中，來求得超越，從而這種超越又仍然不脫

---

18 陳鼓應：《莊子今注今譯》，中華書局，北京，1984 年，第 201 頁。

離感性，儘管這已經是一種深刻的具有積澱本體的感性。有這個超越，便使人在任何境遇都可以快樂，可以物我兩忘，主客同體。有如另一位說莊者所說，「與物玄同，則無不適矣。無不適則忘適矣」[19]。忘適之適，正是在感性中積澱了理性的本體，前面所講的種種排除耳目心意，也正是為了此積澱的出現。

儒家美學強調「和」，主要在人和，與天地的同構也基本落實為人際的諧和。莊子美學也強調「和」，但這是「天和」。所謂「天和」也就是上面講的「與道冥一」。天地萬物或大自然本身是不斷成長衰亡的有生命的事物，人所達到的「天和」或「與道冥同」、「與物玄同」也如此，它同樣是有生命的：

惠子謂莊子曰，人故無情乎？莊子曰，然。……惠子曰，既謂之人，惡得無情？莊子曰，是非吾所謂情也。吾所謂無情者，言人不以好惡內傷其身，常因自然而不益生也。[20]

其心志，其容寂。……淒然似秋，煖然似春；喜怒通四時，與物有宜而莫知其極。[21]

不必人為地去強求益生，而自自然然地會生長得很良好；不必人為地具有喜怒好惡等感情，而自自然然地如四時那樣有喜怒

---

19 劉鳳苞：《南華雪心編》，見上書，第 207 頁。

20 《莊子‧德充符》。

21 《莊子‧大宗師》。

煖凄的感情；即使在種種激烈詭異的論證爭辯中，莊子始終沒有捨棄生命和感性。相反，「與物為春」[22]，「萬物復情」[23]，重情感、肯定生命的人性（不是神性）追求，仍然是基調。這與莊子一貫重視的「保身全生」的主張完全一致。所以，莊子哲學是既肯定自然存在（人的感情身心的自然和外在世界的自然），又要求精神超越的審美哲學。莊子追求的是一種超越的感性，他將超越的存在寄存在自然感性中，所以說是本體的、積澱的感性。不假人為，不求規範，莊子就這樣提出了在儒家陰陽剛柔、應對進退的同構感應之上的更高一級的「天人合一」即「與道冥同」。這種「天人合一」之所以可能，正在於它以這種積澱了理性超越的感性為前提、為條件。

　　人們經常重視和強調儒、道的差異和衝突，低估了二者在對立中的互補和交融。其實，莊子激烈地提出這種反束縛、超功利的審美的人生態度，早就潛藏在儒家學說之中。

　　《莊子》中多次稱引顏回，內篇中還有藉孔子名義來宣講自己主張的地方。郭沫若以及其他一些人曾經認為莊子出於顏回，並非毫無道理。孔子本人就有那個「吾與點也」的著名故事：

　　子路、曾皙、冉有、公西華侍坐。子曰：「以吾一日長乎爾，毋吾以也，居則曰：『不吾知也』，如或知爾，則何以哉？」子路

---

22 《莊子・德充符》。
23 《莊子・天地》。

率爾而對曰：「千乘之國，攝乎大國之間，加之以師旅，因之以飢饉，由也為之，比及三年，可使有勇，且知方也」。夫子哂之。「求，爾何如？」對曰：「方六七十，如五六十，求也為之，比及三年，可使足民。如其禮樂，以俟君子」。「赤，爾何如？」對曰：「非曰能之，願學焉。宗廟之事，如會同，端章甫，願為小相焉」。「點，爾何如？」鼓瑟希，鏗爾，舍瑟而作。對曰：「異乎三子者之撰」。子曰：「何傷乎，亦各言其志也」。曰：「暮春者，春服既成，冠者五六人，童子六七人，浴乎沂，風乎舞雩，詠而歸」。夫子喟然嘆曰：「吾與點也」。[24]

此外，孔子還有「用之則行，舍之則藏」[25]；「道不行，乘桴浮於海」[26]；「邦有道，危言危行；邦無道，危行言遜」[27]；「邦有道則智，邦無道則愚；其智可及也，其愚不可及也」[28]等等著名觀念。《中庸》有「國無道，其默足以容」。《周易》也有「不事王侯，高尚其事」[29]。就是最重人為事功的儒門《荀子》中，也有這樣的記載：

---

24 《論語‧先進》。

25 《論語‧述而》。

26 《論語‧公冶長》。

27 《論語‧憲問》。

28 《論語‧公冶長》。

29 《易‧蠱卦》。

子路入。子曰：「由，知者若何？仁者若何？」子路對曰：「知者使人知己，仁者使人愛己」。子曰：「可謂士矣」。子貢入，子曰：「賜，知者若何？仁者若何？」子貢對曰：「知者知人，仁者愛人。」子曰：「可謂士君子矣。」顏淵入，子曰：「回，知者若何？仁者若何？」顏淵對曰：「知者自知，仁者自愛」。子曰：「可謂明君子矣」。[30]

與《論語》中「知之者，不如好之者；好之者，不如樂之者」三層次相當，這裡是人愛、愛人、愛己三等級。最後一級的「自愛」、「自知」之所以高出前二者，顯然不是因為它自私地愛自己，而是由於它著重在不事外求、不假人為、不立事功而自自然然地功效自顯。所有這些，不都在精神上有莊子相接通之處嗎？

不同在於，對孔子和儒門來說，這種種「詠而歸」「自愛自知」，大概應該在「治國平天下」之後。所以，孔子並不否定子路、子貢、宰我、冉有的志趣理想；不僅不否定，還給予一定的積極評價，只是認為這些並不是人生的最高理想。從而，這個「最高」就在原則上並不排斥、拒絕前面那些較低的人生態度或生命層次。這個「最高」的人生理想或人生態度就既可以有歷時性的順序，如後世所謂「功成身退」、「五十致仕」之類，在人際功業、道德完成之後來追求或實現這種超脫；也可以是共時性的同步，即在勞碌奔波、救世濟民之際，仍然保持一種超脫精神。並且，

---

30 《荀子·子道》。

正因為有這種超功利超生死的所謂出世精神或態度，就使自己的
救世濟民活動可以獲得更強大的精神支撐：因為有了這種與自然
同一與萬物共朽的超世的心理支撐，也就不需要任何外在的旨意
或命令，也不需要任何內在的狂熱和激情，而是自自然然地「知
其不可而為之」。他憂國憂民（對人際），而又曠達自若（對自
己）。以不執著任何世俗去對待世俗，這也就是馮友蘭所謂「以天
地胸懷來處理人間事務」，「以道家精神來從事儒家的業績」的「天
地境界」[31]。馮沒指出這「天地境界」實際是一種對人生的審美
境界。

　　但是，這大半是儒家的烏托邦，在實際中能達到這一種境界
的人極少。客觀環境和歷史情況常常難以允許這種可能存在。經
常看到的，要麼就是「殺身成仁，舍身取義」，犧牲個體以服務人
際；要麼就是「舍之則藏」，「既明且哲，以保其身」，從政治鬥爭
中退避下來，不問世事，以山水自娛。在漫長的中國傳統社會中，
畢竟以後一種為最多。就是像王安石那樣的積極有為、從事改革
的儒家政治家，也曾多次要求辭職，並終於退隱，作半山老人，
來抒寫其欣賞自然風光的詩篇。特別在「道不行」「邦無道」或家
國衰亡、故土淪喪之際，常常使許多士大夫知識分子追隨漆園高
風，在莊、老道家中取得安身，在山水花鳥的大自然中獲得撫慰，
高舉遠慕，去實現那種所謂「與道冥同」的「天地境界」。這種人
生態度和生命存在，應該說，便也不是一般感性的此際存在或混

---

31 馮友蘭：《新原人》。

世的人生態度，而是具有形上超越和理性積澱的存在和態度。從而，「它可以替代宗教來作為心靈創傷、生活苦難的某種安息和撫慰。這也就是中國歷代士大夫知識分子在巨大失敗或不幸之後，並不真正毀滅自己或走進宗教，而更多是保全生命，堅持節操，隱逸遁世，而以山水自娛，潔身自好的道理。」[32]

　　儘管如此，從事實看，這些人卻又常常並沒有也未能徹底忘懷「君國」、「天下」，並不真正背棄孔門儒學。韓愈說：「山林者，士之所獨善自養而不憂天下者之所能安也，如有憂天下之心，則不能矣」[33]。朱熹說：「隱者多是帶性負氣之人為之，陶（指陶潛）欲有為而不能者也」[34]。而「對於中國歷代隱士作一番系統的研究以後，就可以發現隱士之中始終不變的僅占到很小的比數……他們總不免出山從政」[35]。以莊子為代表的道家哲學的主要影響是在士大夫知識階層，這個階層畢竟首先是儒家孔學的門徒，他們所遵循的「學而優則仕」[36]、「吾豈匏瓜也哉，焉能繫而不食」[37]的人生道路，和「心憂天下」、「濟世安邦」的人生理想，都使得莊子道家的這一套始終只能處在一種補充、從屬的地位，只能作為他們的精神慰安和清熱解毒，不能成為獨立的主體。即

---

32 《中國古代思想史論》第 6 章。

33 《韓昌黎全集・卷 16・二十九日覆宰相書》。

34 《朱子語類》卷 140。

35 蔣星煜：《中國隱士與中國文化》，中華書局，上海，1947 年，第 22 頁。

36 《論語・子張》。

37 《論語・陽貨》。

使在莊老風行、玄學高張的魏晉時代，儘管詩文、觀念以及行為
中充滿了歸隱、遊仙、追求避世、曠達放任等等反禮法、棄儒學
的突出現象，但不僅這風尚只持續了相當短暫的時期，而且這些
名士們，從何晏、王弼、阮籍、嵇康一直到謝靈運，在現實生活
中卻正是當時激烈的政治鬥爭的捲入者和犧牲品。莊、老道家畢
竟只是他們所找到的幻想的避難所和精神上的慰安處而已。他們
生活、思想以至情感的主體，基本上仍然是儒家的傳統。從實際
看，情況便是這樣。

　　從理論看，如前所述，莊子雖以笑儒家，嘲禮樂，反仁義，
超功利始，卻又仍然重感性，求和諧，主養生，肯定生命，所以
它與孔門儒學倒恰好是由相反而相成的，即儒、道或孔、莊對感
性生命的肯定態度是基本一致或相同相通的。所以，「比較起來，
在根本氣質上，莊子哲學與儒家的『人與天地參』的精神仍然接
近，而離佛家、宗教以及現代存在主義反而更為遙遠」[38]。也正
因為儒、道有這個共同點，它們才可能對士大夫知識分子共同起
著作用而相互滲透、補充。

　　本來，如果儒、道是截然兩物，毫不相干，也就很難談得上
互補。滲透是互補的前提，又是互補的結果。這個結果卻又顯然
是儒家占了上風。無論在現實生活中，還是在思想情感中，儒家
孔孟始終是歷代眾多的知識分子的主體或主幹。但由於有了莊、
老道家的滲入和補充，這個以儒為主的思想情感便變得更為開闊、

---

38 《中國古代思想史論》第 6 章。

高遠和深刻了。

　　特別是，莊子那種種齊物我、一死生、超利害、忘真幻的人生態度和哲學思想，用在現實生活中，顯然很難行得通，也很少有人真正採取這種態度；但把它用在美學和文藝上，卻非常恰當和有效。事實也正是這樣，信奉儒學或經由儒學培育的歷代知識分子，儘管很少在人生道路上真正實行莊子那一套，但在文藝創作和審美欣賞中，在私人生活的某些方面中，在對待和觀賞大自然山水花鳥中，卻吸收、採用和實行了莊子。《莊子》本身對他們就是一部陶情冶性的美學作品。總起來看，莊子是被儒家吸收進來用在審美方面了。莊子幫助了儒家美學建立起對人生、自然和藝術的真正的審美態度。

 ## 「天地有大美而不言」：審美對象的擴展

　　由於「逍遙遊」式的審美態度的建立，便極大地擴展了人們的審美對象（美學客體）。這兩者本是同一回事。

　　如上所述，莊子「談『春』、說『情』、重『和』，都意味著並不把自然、世界、人生、生活看作完全虛妄和荒謬，相反，仍然執著於它們的存在，只是要求一種『我與萬物合而為一』的人格

理想。莊子對大自然的極力鋪陳描述，他那許多瑰麗奇異的寓言故事，甚至他那汪洋自恣的文體，也表現出這一點」[39]。

　　莊子對他所要求的人格理想，曾多次加以形象地描繪：

　　藐姑射之山，有神人居焉，肌膚若冰雪，綽約若處子，不食五穀，吸風飲露，乘雲氣，御飛龍，而遊乎四海之外……。[40]

　　至人神矣！大澤焚而不能熱，河漢沍而不能寒，疾雷破山風振海而不能驚。若然者，乘雲氣，騎日月，而遊乎四海之外。[41]

　　這不就是本章一開頭便徵引的能作「逍遙遊」的主人翁麼？這種與宇宙同體的人格理想是氣勢磅礴、壯麗無比的。在莊子這裡，其特點正在：這種主體人格的絕對自由是通過客觀自然的無限廣大來呈現的，它也就是莊子最主要的審美對象：無限的美、「大美」、壯美。

　　秋水時至，百川灌河，涇流之大，兩涘諸崖之間不辯牛馬。於是焉河伯欣然自喜，以為天下之美為盡在己。順流而東行，至於北海。東面而視，不見水端。於是焉河伯始旋其面目，望洋向若而嘆……。[42]

39　《中國古代思想史論》第6章。
40　《莊子·逍遙遊》。
41　《莊子·齊物論》。

　　河伯以其巨大自以為美了，然而面對無崖涘、不見水端的北海，便只好望洋興嘆，在無限面前羞愧了。這種無限的美，是「千里之遠，不足以舉其大；千仞之高，不足以極其深」[43]，「不為頃久推移，不以多少進退」[44]的。這種展現在無限時空中的美，便是「天地之大美」。

　　孟子區分了美與大，孟子的大與莊子所說的大有區別。前者指的是個體的道德精神的偉大，具有濃厚的倫理學色彩……，後者指的是不為包括社會倫理道德在內的各種事物所束縛的個體自由和力量的偉大……。所以這是兩種不同的「大」。儘管都在追求著個體人格的無限，卻具有兩種不同的美。如果拿唐代書法藝術的美來看，顏真卿書法的美接近於前者，懷素的書法的美卻接近後者。而後一種「大」的美在中國藝術的發展中是更有活力的。因為它已經脫出了倫理學的範圍而成為純審美的了。[45]

　　如上節所已揭示，這種所謂純審美，並非如 Kierkegaard 所以為，是低於道德範疇的悅耳悅目的一般感性快樂，而是前述那種超越道德之上的「至樂」——與無限自然同一的積澱感性。這種

---

42 《莊子・秋水》。

43 同上。

44 同上。

45 李澤厚、劉綱紀：《中國美學史》第 1 卷，第 256 頁。

積澱感性以及其對象——無限的美，便正是那不可言說的本體存在。應該說，莊子的「大美」既是儒家《易傳》乾卦剛健壯美的提昇，又是它的極大的補足。之所以說提昇，是由於莊子的「大美」更高蹈地進入了那無限本體；之所以說補足，是由於莊子的「大美」特別著重與主體人格理想的密切聯繫，而不同於乾卦著重與外在世界相關。所以莊子的「天地有大美而不言」，雖呈現為外在的客觀形態，實質卻同樣是指向那最高的「至人」人格。這樣，就在追求理想人格這一層次上實現了儒道互補。有了莊子這一補充，儒家的理想人格便變得脫俗非凡，特別是它那「與天地參」的氣概便變得更為渾厚自如了。

天地的大美既然與人格理想相關，從而，只要具有超然物外的主體人格，只要採取「逍遙遊」的審美態度，則所遇可以莫非美者。即使外形醜陋不堪，也可以是美。莊子講了好些外形醜而人格美的寓言故事，從那 「不中繩墨」,「大本臃腫」,「小枝卷曲」[46]的無用的樗樹，到那些「闉跂支離無脤」（跛腳、駝背、缺唇）和「甕㼜大癭」[47]（頸上長著大瘤）的說客，莊子在極盡誇張的描寫中，所要突出的是「故德有所長而形有所忘」[48]，「非愛其形也，愛使其形者也」[49]。美在於內在的人格、精神、理想，

---

46 《莊子・逍遙遊》。
47 《莊子・德充符》。
48 同上。
49 同上。

而不在外在的形體狀貌。

　　莊子從而極大地擴展了美的範圍，把醜引進了美的領域。任何事物，不管形貌如何，都可以成為美學客體即人的審美對象。在文藝中，詩文中的拗體，書畫中的拙筆，園林中的怪石，戲劇中的奇構，各種打破甜膩的人際諧和、平寧的中和標準的奇奇怪怪，拙重生稚、艱澀阻困，以及「謬悠之說，荒唐之言，無端崖之辭」[50]等等，便都可成為審美對象。中國藝術因之而得到巨大的解放，它不必再拘於一般的繩墨規矩，不必再斤斤於人工纖巧的計慮。藝術中的大巧之拙，成為比工巧遠為高級的審美標準。因為所欣賞的並非其外形，而是透過其形，欣賞其「德」──「使其形者」，這也就是「道」。欣賞所得也並不是耳目心意的愉悅感受，而是「與道冥一」的超越的形上品格。

　　前章講孟子以「聖」、「神」為人格極致。「畫聖」、「詩聖」、「神品」在文藝領域被視為最高品級。張懷瓘說：「不可以智識，不可以勤求。若達士游乎沈默之鄉，鸞鳳翔乎大荒之野」，「千變萬化，得之神功，自非造化發靈，豈能登峰造極」[51]。所謂「沈默之鄉」「大荒之野」，便顯露出莊子的影響。同時，「逸品」被提出，並且不久就從「神」「妙」「能」三品之後，一下被提昇到首位：「畫之逸格，最難其儔。拙規矩於方圓，鄙精研於彩繪，筆簡形具，得之自然，莫可楷模，出於意表」[52]。「畫家神品為崇極，

50 《莊子·天下》。
51 張懷瓘：《書斷》中。

又有以逸品加於神品之上者，曰失之自然而後神也」[53]。原來別為一格的「逸品」不但被納入「神」「妙」「能」的品評系統中，而且被尊居首，這種美學批評標準的變化，相當典型地既展現了莊子、道家（「逸品」也與禪宗影響有關，詳第五章）對儒家美學原有規範尺度的突破，更表明這種突破很快被同化和納入在原有的品評系統中，既成為一種補充，又成為一種提高。

莊子和道家哲學很強調「自然」。「自然」有兩種涵義：一種是自自然然，即不事人為造作；另一即是自然環境、山水花鳥。這兩種涵義也可以統一在一起，你看那大自然，不需要任何人工而多麼美麗！

從而，如何理解和對待自然，便成了這種「突破和補充」的一個十分重要的環節。

在孔子，本就有「仁者樂山，知者樂水」等等對自然的親切態度，但其最終的落腳處卻仍然是人：「知者樂，仁者壽」[54]，人始終是自然的主人，人的主體始終優於自然的客體。但莊子不然，「天地有大美而不言」，自然優於人為，天地長於人世。莊子的理想人格（「至人」「真人」「神人」）不是知識的人、事功的人、倫理的人，而是與天地宇宙相同一的自然的人。正是：自然無限美，人生何渺茫。以巨大的自然來對比渺小的人世，構成了這種「突

---

52 黃休復：《益州名畫錄》。

53 董其昌：《畫禪室隨筆》，轉引自《歷代論畫名著彙編》。

54 《論語・雍也》。

破和補充」的一項重要的具體內容，它極大地影響中國知識分子的心境和他們的文藝、美學。它使儒家傳統的情感化時間和人生感嘆獲得了更高蹈的內容。

李白詩曰：

問余何事棲碧山，笑而不答心自閑；桃花流水窅然去，別有天地非人間。

越王勾踐破吳歸，義士還家盡錦衣，宮女如花滿春殿，只今惟有鷓鴣飛。

繁華短促，自然永存；宮殿廢墟，江山長在。為中國無數詩人作家所詠嘆不已的，不正是這種人世與自然、有限與永恆的鮮明對照從而選擇和歸依後者麼？「千秋永在的自然山水高於轉瞬即逝的人世豪華，順應自然勝過人工造作，丘園泉石長久於院落笙歌」[55]，連巨大的人世功業也如此短暫，作為個體的英雄就更為渺小了。從而歌頌記錄這一切的詩文藝術，相對來說，便更不足道了。李贄說：「堯夫云：『唐虞揖讓三杯酒，湯武征誅一局棋』。夫征誅揖讓何等事也，而以一杯一局覷之，至渺小」[56]。如果連正統儒家的著名代表（邵雍）都有這種觀念，這就表明，自《莊子》在魏晉以來被知識分子所廣泛誦讀接受後，所謂儒家便已不

---

55 《美的歷程‧宋元山水意境》。

56 李贄：《焚書‧卷3‧雜說》。

再是原來的樣子了。歐陽修詩曰:「……無為道士三尺琴,中有萬古無窮音……聽不以耳而以心,心意既得形骸忘,不覺天地白日愁雲陰」,這也既是儒,又是道,實際是引道入儒,儒道互補。

如第一章所指出,詩(「言志」)文(「載道」)之分途,詞曲的湧現,人物畫讓位於山水畫,這是儒家美學本身醞釀的矛盾發展,即人的自然感情與社會理性的矛盾發展,但這一矛盾之所以採取了走向對外在客觀自然的欣賞方向,卻無疑是莊子哲學的作用。莊子以心靈——自然欣賞的哲學,突破又補充了儒家的人際——倫常政教的哲學。

從藝術各個種類看,也都在內容和形式上表現出這種重精神輕物質的傾向特點。如果不算萬里長城,中國很少留下極顯人力的作品,沒有金字塔,沒有巨大石建築,較少圓雕,也沒有Michelangelo……總之,缺少人工造作的物質力量以顯現與自然對抗或對自然的征服。相反,總追求與自然的諧和,追求從屬於自然、服從於自然而與自然相一致。因為,既然任何宏偉龐大的建築物體,任何精雕細繪的人世畫圖,無論是宮殿廟宇還是帝王事業、英雄勳功……,到頭來,「只今惟有鷓鴣飛」,永遠敵不過那青春長在的大自然,那麼又何必苦心孤詣慘淡經營這種種轉瞬即逝的世俗課題、功業建設、物質力量,而不投身自然,與宇宙合為一體呢?即使不能做到這一點,就生活在大自然中,比較起來,不也更為優越和高超麼?「別有天地非人間」,碧山之比較宮殿,不將是遠為優勝麼?

宋代山水畫大家兼理論家郭熙說:「君子之所以愛夫山水者,

其旨安在？丘園養素，所常處也；泉石嘯傲，所常樂也；漁樵隱逸，所常適也；猿鶴飛鳴，所常觀也」[57]。這表明中國士大夫知識分子的鄉居生活與西方中世紀的碉堡莊園主頗不相同，他們更多地與自然山水相往來相親近。自然不是誘惑人的魔鬼，不必像文藝復興時期的那樣，因為欣賞自然風景而趕快懺悔，祈求恕罪。對中國知識分子來說，自然不止是他們觀賞愉悅的對象，更是親身生活於其中的處所。中國畫論中所謂的「可行可望不如可居可游之為得」，道理也在這裡。「觀今山川，地占數百里，可游可居之處，十無二三，而必取可居可游之品。……畫者當以此意造，而賞者又當以意窮之」[58]。早在六朝山水詩畫初起時，佛教徒宗炳也是從真山水而談到畫山水，從真山水之遊，「眷戀廬衡，契闊荊巫」到「於是畫像布色，構茲雲嶺」，使「嵩華之秀，……得之於一圖」[59]的。從而，自然於人，無論是真實的自然還是詩畫中的自然，總是與人的生活、情感相關聯相交通和相親近的。這樣，它就不止是自然事物的一鱗一爪，不止是個別對象的色、香、聲、味，而是整體的山水和景色。即使是殘山剩水、一爪一鱗，也總是放置在整個自然與人的親切關係中來對待、處置和描繪。所以中國山水畫中的大自然既是本色的，又是人間的，它是充滿了煙火味的溫暖的大自然。與西畫常以農田風景、風車平原、旅遊野

---

57 郭熙：《林泉高致》。

58 郭熙：《林泉高致》。

59 宗炳：〈畫山水序〉。

宴以及駭人雷電等等具體的享受自然、擁有自然（人的財產）、征
服自然或自然威力（顯示神意）不同，中國山水畫的自然沒有人
對自然的征服、占有，所以它常是本色的自然，也沒有自然對人
的壓倒，所以它常是人的自然[60]。它總有樵夫漁父、小舟風帆、
茅亭酒招、行人三兩。那種真正荒涼的大漠河澤、與人無干的巨
大空曠、恐怖威嚇的風雷閃電、緊張衝突的戲劇景色、悲劇氛圍，
則非常罕見。從畫論中隨意抄錄一段，即足見華夏傳統的自然美
的理想了：

　　……雲擁樹而林稀，風懸帆而岸遠。修篁掩映於幽澗，長松
依薄於崇崖。近激鷺飛，色明初霽；長川雁渡，影帶沈暉。水屋
輪翻，沙堤橋斷；鳧飄浦口，樹夾津門。石屋懸於木末，松堂開
自水濱。春蘿絡徑，野筱縈籬。寒甃桐疏，山窗竹亂。柴門設而
常關，蓬窗繫而如寄。樵子負薪乎危峰，漁父橫舟於野渡。臨津
流以策蹇，憩古道而停車。宿客朝餐旅店，行人暮入關城。幅巾
策杖於河梁，被褐擁鞍於棧道。[61]

　　這是我在過去文章再三指出過的「慢悠悠懶洋洋」的傳統社
會的牧歌圖畫[62]。它既可以看作是「與物為春」「淒然似秋」的莊

---

60 參看 George Rowley, *Principles of Chinese Painting*, Princeton, 1974。

61 笪重光：《畫筌》。

62 參看拙著《美學論集》。

子和道家，人的自然化；同時也可以說，它是「風沂舞雩詠而歸」的儒學，自然的人化，即外在的自然山水與內在的自然情感都滲透、交融和積澱了社會的人際的內容。為莊子所發現所強調所高揚的大自然的美，終於又成了這種充滿了人間情味的美。儒家所倡導的人間情味的美又終於加上了這種大自然的美作為補充和融入。如果沒有這種自然美的補充和融入，無論在現實生活中，或是在思想情感中，或是在文藝創作和欣賞中，對中國士大夫知識分子來說，那該是多麼欠缺和乾枯。

總之，從「寫實」說，這是「學而優則仕」的儒家士大夫知識分子以親近自然來作為慰安補充；從「寫意」說，這是他們「與道冥同」的精神解放。因此，所謂「望秋雲，神飛揚；臨春風，思浩蕩」[63]，真山水（大自然）假山水（山水畫）之「可遊可居」，既有世俗生活的一面，也有與「道」相通的一面。可見，儒道相互滲透的結果，將審美引向深入，使文藝中對一草一木一花一鳥的創作和欣賞，也蘊含著、表現著對人生的超越態度，有了這一態度，就給現實世俗增添了聖潔的光環，給熱衷於人際倫常和名利功業者以清涼冷劑，使為種種異己力量所奴役所扭曲者回到人的自然、回到真實的感性中來。這種「回到」，並非要人降低到生物水平，使社會性泯滅，而是要求超越特定的社會性的制限，在感性自然中來達到超感性。這種超感性不只是社會性、理性，而是包容它而又超越它並與宇宙相同一的積澱感性。同時，有了

---

63 王微：〈敘畫〉。

儒道的這種互補，使中國士大夫知識分子更易於建立起其心理的平衡。這平衡不僅來自生活上人與自然的親切關係，而且也來自人格上和思想情感上的人際超越。

在希臘乃至德國的傳統中，常常可以感到在極端抽象的思辨之中，蘊藏著一股激昂、騷動、狂熱的衝力。拿德國來說，從 Kant 的實踐理性，到 Fichte、Schelling 以至 Hegel，一直到 Nietzsche 和 Heidegger，無不如此。但是，在中國，卻既沒有那極端抽象的思辨玄想，也沒有那狂熱衝動的生存火力，它們都被銷鎔在這儒道互補式的人與自然同一(自然的人化和人的自然化)的理想中了。在這理想面前，那激昂的力也好，思辨也好，都變得渺小，而可以平息，還是永恆的自然比一切都強、都大、都高超。

「明月照積雪」、「大江流日夜」、「客心悲未央」、「澄江淨如練」、「玉繩低建章」、「池塘生春草」、「秋菊有佳色」，俱千古奇語，不必有所附麗。[64]

余嘗愛唐人詩云「雞聲茅店月，人跡板橋霜」，則天寒歲暮，風淒木荒，羈旅之愁，如身歷之。至其曰「野塘春水漫，花塢夕陽遲」，則風酣日照，萬物駘蕩，天人之意，相與融怡，讀之便覺欣然感發，謂此四句可知生變寒暑……，以此知文章與造化爭巧可也。[65]

---

64 董其昌：《畫禪室隨筆》卷 3 評詩。

　　前者指出那些描繪自然的詩句，不必附麗於任何倫常、政治、宗教等等意念而成為「千古奇語」；後者則恰恰指出，描繪自然的美妙詩句，正在於它與人際生活和情感相關聯，美就在於「天人之意」的溝通，所以才說，詩文藝術可以「與造化爭巧」。兩者正好相輔相成。莊子美學就這樣與儒家美學交融會通，實際仍是以儒家為主，溶入了莊子，深深地滲進了士大夫知識分子的生活、藝術、情感、思維方式和人生態度之中。

　　所以，我很同意一位年輕的研究者的以下論斷：

　　中國浪漫精神當然要溯源到莊子，……超形質而重精神，棄經世致用而倡逍遙抱一，離塵世而取內心，追求玄遠的絕對，否棄資生的相對，這些與德國浪漫派在精神氣質上都是相通的。同樣企求以無限來設定有限，以此解決無限與有限的對立。只有把有限當作無限的表現，從而忘卻有限，才能不為形器（經驗事物）所限制，通達超形器的領域。同樣，只有把語言視為出於宇宙本體的東西，才能使語言以意在言外（類似於比喻）的手法去意指絕對的本體。……一個根本的區別在於，中國浪漫精神不重意志，不重渴念，不講消滅原則的反諷，而是重人的靈性、靈氣，這與德國人講的神性有很大差別。它是一種溫柔的東西，恭敬的東西，溫而能屬，威而不猛，恭而能安。中國浪漫精神所講的綜合就不

65 歐陽修語，轉引自《中國美學史資料選編》下冊，中華書局，北京，1982 年，第 6 頁。

像德國浪漫精神所講的綜合那樣,實際是以主體一方吃掉客體(對象)一方,而是以主體的虛懷應和客體的虛無。[66]

　　所謂「虛懷應和」是莊子,而所謂「溫而能厲」,「威而不猛,恭而能安」等等,不正是儒家麼?所以,在儒道互補中,是以儒家為基礎,道家被落實和同化在儒家體系之中。在西方,如葉維廉所說:「詩人將原是用以形容上帝偉大的語句轉化到自然山水來,……詩人常常有形而上的焦慮和不安。因為他們……必須掙扎由眼前的物理世界躍入(抽象的)形而上的世界。浪漫時代的詩人普通都有這種掙扎焦慮的痕跡」[67]。在華夏,由於沒有這種宗教的靈魂歸依和抽象的形上思辨,大自然銷鎔了一切,包括上帝在內,於是就讓精神安息在這自然中吧。而自然又不過是人世的一部分,於是,就在這人世的現實生活和現實自然中去尋找歸宿吧。正如在現實生活中畢竟少有徹底的隱士,在思想情感和文藝、美學中,也一樣。在儒道互補中,道畢竟從屬於儒和基本同化在儒中了。

　　如果說,被文學史家視為道家的李白,還充滿了各種建功立業的儒家抱負(如〈上韓荊州書〉)和參加永王起兵事)的話,那麼,「不為五斗米折腰」、終於棄官歸田的陶潛,應該算作是真正的道家精神的代表者了。但即使是陶潛的道家精神,也仍然是建

---

66 劉小楓:《詩化哲學》,山東文藝出版社,濟南,1986 年,第 76〜77 頁。
67 葉維廉:《飲之太和》,時報文化出版公司,臺北,1980 年,第 159 頁。

作

立在儒道互補的基礎之上，仍然是與儒家精神交融滲透在一起的。正因為如此，關於陶淵明是儒是道，古今便有好些不同看法。例如：

> 淵明所說者莊、老（朱熹）。[68]
> 陶詩裡主要思想實在還是道家（朱自清）。[69]
> 他雖生長在玄學佛學的氛圍中，他一生得力處和用力處，卻都在儒學（梁啟超）。[70]
> 他並非整天整夜飄飄然，這「猛志固常在」和「悠然見南山」的，是同一個人（魯迅）。[71]
> 惟求融合精神於運化中，即與大自然為一體。……自不致與周孔入世之名教說有所觸礙，故淵明之為人實外儒而內道（陳寅恪）。[72]

寄情自然卻未忘懷世事，猛志常在但又悠然南山。「不知何許人也，亦不詳其姓氏」，「無懷氏之民歟，葛天氏之民歟」，這與莊周返乎原始似乎同調；「先師有遺訓，憂道不憂貧」，「及時當勉

68 《朱子語類》卷 136。
69 《朱自清序跋書評集・陶詩的深度》，三聯書店，北京，1983 年，第 227 頁。
70 《飲冰室合集・專集之 96・陶淵明》。
71 《且介亭雜文・2 集・題末定草（六）》。
72 陳寅恪：《陶淵明之思想與清談之關係》。

勵，歲月不待人」，「朝與仁義生，夕死復何求」，又仍然是儒學的人際關懷；而從他的教子書及全部生活、詩文來看，這一方面仍然是主導的方面。所以，他也可說是「內儒而外道」。「平疇交遠風，良苗亦懷新」，「俯仰終宇宙，不樂復如何」……，這些最優美的詩句則恰好展現了這兩個方面的交融。它們交融在「人的自然化」與「自然的人化」相統一之中：在陶詩的自然圖景中，展示的是人格和人情。這「格」高出於當時的政治品操，也並非儒家的那些倫常標準，而是滲透了莊子那種「獨立無待」的理想人格。這「情」不同於一時的感傷哀樂，也不是莊子那種無情之情，而是滲透了儒家的人際關懷、人生感受的情。這「格」與「情」恰恰是同一的，而且，它與大自然自身的季候節奏也似乎併合在一起了。你看：

靄靄停雲，濛濛時雨；八表同昏，平路伊阻。靜寄東軒，春醪獨撫；良朋悠邈，搔首延佇。……

野外罕人事，窮巷寡輪鞅；白日掩荊扉，虛室絕塵想。時復墟曲中，披草共來往；相見無雜言，但道桑麻長。桑麻日已長，我土日已廣；常恐霜霰至，零落同草莽。

陶詩的「情」是蘊而未發的情，它平凡而凝煉，沖和而真摯，從而它所表現的並不是頓時的感情，而毋寧是凝煉的人格。難怪歷代好些評論家認為：

淵明詩，是其格高（陳善）。

　　晉宋人物，雖曰尚清高，然個個要官職。這邊一面清談，那邊一面招權納貨。陶淵明真個能不要，此以高於晉宋人物（朱熹）。

　　靖節非儒非俗，非狂非狷，非風流，非抗執，平淡自得，無事修飾，皆有天然自得之趣；而飢寒困窮，不以累心，……千載之下，誦其文，想其人，便愛慕嚮往不能已已（劉朝笙）。[73]

　　陶淵明的詩文通過情感表現了一個真實的人格。它與中國山水花鳥畫通過情感所展開的自然景象，從人與自然這兩種不同的審美對象上，展現了儒道互補的同樣主題和特色。至於陶詩禪意的評論，主要出現在宋代之後，特別是由蘇軾的解說所造成，其實並不符陶的本來面目（參看第五章），陶的特色仍然是典型的儒道互補和交融。

　　儒道的交融互補有兩條道路。一條是政治的，可以郭象等人為代表，以儒注莊，認名教即自然，消除了莊學中那種反異化的解放精神和人格理想，這是以莊學中的「安時順化」「處於材不材之間」的混世精神來補足和加強儒學中的「安貧樂道」「知足常樂」的教義。一條是藝術的，即這裡講的陶詩和山水花鳥畫。它固然也有「安貧樂道」的順俗一面，但主要卻是對世俗人際的抗議、超越和解脫。因為在這裡，莊子的反異化、超利害、對人世

73 均見陶澍《陶淵明集附錄諸家評陶彙集》。

一切的否定性的負面命題，轉化為出污泥而不染的超脫、獨立等肯定性的正面價值，即是說，道家的否定性論斷和超世形象轉化成為現實生活和文藝、美學中的儒家的肯定性命題和獨立人格。這不但是對儒家原有的「危行言遜」「其智可及也，其愚不可及也」的極大提昇，而且成為「自然的人化」的高級補足：自然在⑴生活、⑵思想情感、⑶人格這三方面都成了人的最高理想，它們作為「人的自然化」的全面展開（生活上與自然界的親近往來，思想情感上的與自然界的交流安慰，人格上與自然界相比擬的永恆形象），正是儒道互補的具體實現。

 「以神遇而不以目視」：關於無意識

　　莊子說：「道不可聞，聞而非也；道不可見，見而非也；道不可言，言而非也。知形形之不形乎？道不當名」[74]。

　　這並非講審美和藝術，但由於莊子的「道」，如同老子「道可道非常道，名可名非常名」一樣，非語言、概念、名稱所可把握，只有通過自由心靈和創造直觀才能領會、體驗，由於「莊子哲學即美學」[75]，由於莊子強調美在自然整體而不在任何有限現象等

---

74 《莊子·知北遊》。

等，藝術創造和藝術欣賞的審美規律，特別是那種似乎不能捉摸、難以言喻、未可規範、有如鬼斧神工的創作現象，在中國美學史上，便首先為莊子所發現和強調。儘管莊子原意不是講藝術，但可以說，正是莊子把孔子講的「游於藝」的自由境界提到宇宙本體和人格本體（這二者在莊子是完全一致的）上加以發展了，莊子多次形象地描繪了技藝創造的自由境界。如著名的「庖丁解牛」的故事：

　　庖丁為文惠君解牛，手之所觸，肩之所倚，足之所履，膝之所踦，砉然響然，奏刀騞然，莫不中音；合於桑林之舞，乃中經首之會。文惠君曰：「嘻，善哉！技蓋至此乎？」庖丁釋刀對曰：「臣之所好者道也，進乎技矣。始臣之解牛之時，所見無非全牛者，三年之後，未嘗見全牛也。方今之時，臣以神遇而不以目視，官知止而神欲行。依乎天理，批大郤，導大窾，因其固然。……彼節者有間，而刀刃者無厚，以無厚入有間，恢恢乎其於游刃必有餘地矣。……」[76]

　　這是講殺牛，也毫不神祕，甚至可以說是經驗之談，即由於技巧的熟練，透徹把握了客體對象的規律性，才能從「所見無非全牛者」到「目無全牛」，因牛之「固然」而動刀，不會因碰上堅

---

75 《中國古代思想史論》第 6 章。

76 《莊子・養生主》。

硬的牛骨使刀受損。也只有這樣，才能做到牛體之解，「如土委
地」而刀刃如新。這也就是「技進乎道」。莊子經常強調「聖人原
天地之美而達萬物之理」，也是這個意思。而這個「技進乎道」，
不正是把孔子「游於藝」提昇到「依乎天理」的形而上學的高度
麼？任何技藝，包括文藝，達到這種合目的性與規律性的熟練統
一，便是美的創造。

　　但是，這種創造經驗是很難用語言來講解、說明和傳授的：

　　……輪扁曰，……斫輪，徐則甘而不固，疾則苦而不入。不
徐不疾，得之於手而應於心，口不能言，有數存焉於其間，臣不
能以喻臣之子，臣之子亦不能受之於臣……。[77]

　　這裡的引文已經略去了《莊子》全文，原文本意在說明讀死
書是不行的，書面留下的語言文字只是古人的糟粕，重要的是去
把握、領會、學習那難以傳授的精神，於是便拿斫輪作為比喻。
這比喻也確是經驗之談，迄至今日，許多技能的掌握是必須通過
個體的親身實踐活動，不是通過概念語言的講說、理解便能學
會的。

　　從而，莊子實際提出的是概念語言、邏輯思維與技能掌握、
形象思維的區別和差異問題。儒家也提出過這個問題。《周易》
說，「子曰，書不盡言，言不盡意……，聖人立象以盡意」。〈毛詩

---

77 《莊子‧天道》。

序〉說，「言之不足故嗟嘆之，嗟嘆之不足故永歌之，永歌之不足，不知手之舞之足之蹈之也」，可見儒家也指明有語言、概念所不能表達的東西[78]，但莊子極大地突出了這個方面，並把它與人的具體的實踐活動連在一起，強調認為，比起概念語言來，這個方面更接近於「道」；不僅是接近，還可以是「與道冥一」，與「天理」相交融相同一。正是在這種「同一」中，便達到了最高境界，也就是自由和至樂的審美境界：「提刀而立，為之四顧，為之躊躇滿志」[79]。比起儒家講的「游於藝」的自由境界來，這不是顯得更為「高級」麼？但其實這卻正是前者的一種提昇。因為這種恢恢乎有游刃的「以神遇而不以目視」的自由創作境界，也非無緣無故地發生和出現，而是有來由、有過程、有前提的。這一點，莊子講得很清楚。例如：

　　梓慶削木為鐻，鐻成，見者驚猶鬼神。魯侯見而問焉，曰：「子何術以為焉？」對曰：「臣工人，何術之有。雖然，有一焉。臣將為鐻，未嘗敢以耗氣也，必齋以靜心。齋三日，而不敢懷慶賞爵祿；齋五日，不敢懷非譽巧拙；齋七日，輒然忘吾有四肢形體也。當是時也，無公朝，其巧專而外滑消；然後入山林，觀天性；形軀至矣，然後成見鐻，然後加手焉；不然則已。則以天合

78 參看 James F. Cahill, "Confucian Elements in the Theory of Painting"，見 A. F. Wright 編 The Confucian Persuasion, California, 1960。

79 《莊子・養生主》。

天，器之所以疑神者，其由是歟」。[80]

　　這似乎有點「玄」，其實並不，仍然是經驗之談。這裡強調的
是在創作之前，必須忘懷得失，不讓任何外在的功名爵祿、是非
毀譽以至朝廷的要求等等來干擾自己，甚至連自己的生活也忘懷
掉，然後以自己的「天性自然」去接近、去吻合客體的自然。這
其實也就是儒家講的「天人同構」「天人感應」，亦即莊子所謂的
「以天合天」，於是成功的創作便出現了，使「見者驚猶鬼神」，
人工作品像鬼斧神工的自然產物一樣。

　　這難道不是文藝家們進入成功的創作過程時所經常經歷到的
真實嗎？它並不神祕和奇怪。

　　紀渻子為王養鬥雞。十日而問，「雞已乎？」曰：「未也。方
虛憍而恃氣」。十日又問，曰：「未也。猶應向景。」十日又問，
曰：「未也。猶疾視而盛氣。」十日又問，曰：「幾矣，雞雖有鳴
者，已無變矣。望之似木雞矣，其德全矣。異雞無敢應，見者反
走矣」。[81]

　　與前一個故事一樣，這裡又同樣指出，要達到「其德全矣」，
別的雞望之而逃，必須有一個去虛驕盛氣，不為任何外物所動的

---

80 《莊子‧達生》。

81 同上。

「修養」過程。等「修養」到「呆若木雞」時，卻正是到了最完善的境地。儘管這裡與莊子許多其他的寓言、故事一樣，存在著片面性和誇張性，但也正是通過這種片面和誇張的形式，強調地描繪了包括藝術在內的那種真正自由的實現、美的創造的前提、條件和歷程。無論看來是「驚猶鬼神」或「呆若木雞」或「解衣般礡」[82]（繪畫的故事），實際都以長期對客觀規律性的領會、把握、熟練為前提，以長期對主觀合目的性的集中凝煉為前提。只有排除一切內在外在的干擾，具備這種前提，才可能進入自由的創造。

　　大馬之捶鈎者，年八十矣，而不失毫芒。大馬曰：「子巧與？有道與？」曰：「臣有守也。臣之年二十而好捶鈎，於物無視也，非鈎無察也。是用之者，假不用者也以長得其用……」。[83]

　　這可說是就主觀前提說的。莊子所一再強調的便正是這種「用志不分，乃凝於神」[84]。並且，「吾見其難為，怵然為戒，視為止，行為遲，動刀甚微，……」[85]。

　　不但是聚精會神，目無旁顧，而且遇到困難還十分小心，謹

---

82 《莊子‧田子方》。

83 《莊子‧知北遊》。

84 《莊子‧達生》。

85 《莊子‧養生主》。

慎從事。總而言之：

工倕旋而蓋規距，指與物化，而不以心稽，故其靈臺一而不
桎。忘足，屨之適也；忘要，帶之適也。知忘是非，心之適也，
不內變，不外從，事會之適也。始乎適而未嘗不適者，忘適之
適也。[86]

與第一節講的「忘適之適」相溝通，這段便可作為總結和概
括。不妨用「今譯」把它表達出來：

工倕用手旋轉而技藝超過用規矩畫出來的，手指和所用物象
凝合為一，而不必用心思來計量，所以它的心靈專一而不窒礙。
忘了手腳，是鞋子的舒適；忘了腰，是帶子的舒適；忘了是非，
是心靈的安適。內心不移，外不從物，是處境的安適。本性常適
而無往不安適，便是忘了安適的安適。[87]

這正是莊子的一貫思想。從本章一開頭講的審美人生觀到這
裡的技藝創作，從「逍遙遊」、「至樂無樂」、「天地有大美而不言」
到這裡的「庖丁解牛」、「梓慶為鐻」……，所貫串的基本主題都
在：由「人的自然化」而達到自由的快樂和最高的人格，亦即「以

---

86 《莊子・達生》。

87 陳鼓應：《莊子今注今譯》，第 494 頁。

天合天」，而達到「忘適之適」。

從技能到文藝，所有的創作過程都有非一般概念語言、邏輯思維所能表達、說明的一面，此即無意識或非意識的一面，這一面就是莊子講的「不以目視」、「不以心稽」、「坐忘」、「心齋」；但它又並不是先驗的或神賜的。應該說，莊子對這兩個方面都作了精彩的描述。看來是「以神遇而不以目視」、「指以物化而不以心稽」、「口不能言」的活動和心境，卻又「有數存焉於其間」、「依其天理」、「因其固然」的根本原因在。亦即是說，無意識是有其自身的規律和邏輯的，它與意識是有聯繫和有關係的。意識的排除和沈積，才造成了無意識。在這裡，無意識並不是所謂「幽暗的」生物本能，仍然是人經過意識的努力所達到的非意識的積澱。如果說，前面的審美態度等等是積澱的心理成果，那麼這裡講的，便正是描述這積澱的心理過程。

這對華夏美學起了重要影響，無論詩、文、書、畫，幾乎是經常不斷地提出這個無意識創作規律的問題。例如：

> 書畫之妙，當以神會，難可以形器求也。世之觀畫者，多能指摘其間形象、位置、彩色瑕疵而已。至於奧理冥造者，罕見其人。……得心應手，意到便成；故造理入神，迴得天意，此難可與俗人論也。[88]
>
> 莊周、李白，神於文者也，非工於文者所能及也。文非至工，

---

88 沈括：《夢溪筆談》卷17。

則不可神；然神，非工之所可至也。[89]

　　「工」是人為，是意識的努力；「神」則是超意識或無意識。
非「至工」達不到「神」，但「神」又畢竟不能等同於「至工」，
即不是有意識的努力所能勉強做到的，所以「難可以與俗人論」。

　　如其氣韻，必在生知，固不可以巧密得，復不可以歲月到。
默契神會，不知然而然也。……人品既已高矣，氣韻不得不高；
氣韻既已高矣，生動不得不至。所謂神之又神，而能精焉。……
不爾，雖竭巧思，止同眾工之事，雖曰畫而非畫，故楊氏不能授
其師，輪扁不能傳其子，繫乎得自天機，出乎靈府也。[90]

　　這講的也是，要達到繪畫最高層次的「氣韻生動」，經常不是
人工巧密可得，不是可以人為傳授，也不是只花上時間便能成功，
它有「不知其然而然」的無意識現象。這也就是「造理入神，迥
得天意」。但這無意識又並非完全不可捉摸，它與所謂「人品」有
關，即與個體的整個人格境界有關。

　　李青蓮自是仙靈降生。司馬子徵一見，即謂其有仙風道骨，

---

89 楊慎：《總纂升庵合集》卷21，轉引自《中國美學史資料選編》下冊，
　　第 109 頁。
90 郭思：《畫論》。

可與神遊八極之表。賀知章一見，亦即呼為「謫仙人」。放還山後，陳留採訪使李彥允為請於北海高天師授道籙。其神采必有迥異乎常人者。詩之不可及處，在乎神識超邁，飄然而來，忽然而去，不屑屑於雕章琢句，亦不勞勞於鏤心刻骨，自有天馬行空，不可羈勒之勢。若論其沈刻，則不如杜；雄鷙，亦不如韓。然以杜、韓與之比較，一則用力而不免痕跡，一則不用力而觸手成春；此仙與人之別也。[91]

　　在這種所謂「仙」的描述中，不正可看出莊子的「人的自然化」的創作特徵麼？自自然然地所謂「不用力而觸手成春」，這也就是「天馬行空」，「神識超邁」，「得心應手」，「意到便成」，「造理入神，迴得天意」，人與自然完全合一，憑無意識便可鬼斧神工，技進乎道。

　　這也便是「人的自然化」的某種極致。

　　總之，所謂「人的自然化」，並「不是要退回到動物性，去被動地適應環境；剛好相反，它指的是超出自身生物族類的局限，主動地與整個自然的功能、結構、規律相呼應、相建構」[92]。

　　「黃子久終日只在荒山亂石叢木深篠中坐，意態忽忽，人不測其為何。又每往泖中通海處看急流轟浪，雖風雨驟至，水怪悲詫而不顧。噫！此大癡之筆所以沈鬱變化，幾與造物爭神奇

---

91 趙翼：《甌北詩話》卷 1。

92 拙文〈略論書法〉，《中國書法》1986 年第 1 期。

哉」[93]。黃公望並不是為了具體模擬這些自然景象而去苦坐；他是為了去感受、去呼應，從而以全身心的領會，在筆墨中去同構那自然的氣勢和生命的力量。這種呼應和同構也並非當下即得，而是在長久積累之後，已積澱成無意識的傾發。所以「筆以發意，意以發筆，筆意相發之機，即作者亦不自知所以然」[94]。中國藝術中常講的「無意為佳」，就是這個道理。

我曾以中國獨有的書法藝術為例，來講這個「人的自然化」：

……人的情感和書法藝術應該是對整個大自然的節律秩序的感受呼應和同構。[95]就在那線條、旋律、形體、痕跡中，包含著非語言非概念非思辨非符號所能傳達、說明、替代、窮盡的某種情感的、觀念的、意識和無意識的意味。這「意味」經常是那樣的朦朧而豐富，寬廣而不確定……它們是真正美學意義上的「有意味的形式」。這「形式」不是由於指示某個確定的觀念內容而有其意味，也不是由於模擬外在具體物象而有此「意味」。它的「意味」即在此形式自身的結構、力量、氣概、勢能和運動的痕跡或遺跡中……。

書法一方面表達的是書寫者的「喜怒窘窮，憂悲愉佚，怨恨

93 李日華：《論畫》，見《歷代論畫名著彙編》，第228頁。
94 沈宗騫：《芥舟字畫編》，見於安瀾編《畫論叢刊》上卷，人民美術出版社，北京，1962年，第361頁。
95 拙文〈略論書法〉。

思慕，酣醉無聊不平……」（韓愈），它從而可以是創作者有意識和無意識的內心秩序的全部展露；另方面，它又是「觀於物，見山水崖谷，鳥獸蟲草，草木之花實，日月列星，風雨水火，雷霆霹靂，歌舞戰鬥，天地事物之變，可喜可愕，一寓於書」（同上），它又可以是「陰陽既生，形勢出矣」（蔡邕：《九勢》），「上下與天地同流」（孟子）的宇宙普遍性形式和規律的感受同構。書法藝術所表現所傳達的，正是這種人與自然、情緒與感受、內在心理秩序結構與外在宇宙（包括社會）秩序結構直接相碰撞、相鬥爭、相調節、相協奏的偉大生命之歌。這遠遠超出了任何模擬或借助具體物象，具體場景人物所可能表現、再現的內容、題材和範圍。書法藝術是審美領域內「人的自然化」與「自然的人化」的直接統一的一種典型代表。它直接地作用於人的整個心靈，從而潛移默化地影響著的人的身（從指腕、神經到氣質、性格）心（從情感到思想）的各個方面。[96]

　　書法是「線的藝術」的最直接和最充分的展露。「線的藝術」如《美的歷程》和本書所已指出，是普遍性的情感形式的音樂藝術在造型領域內的呈現。自然界本無純粹的線，正如沒有純粹的樂音一樣。線是人創造出來的形象的抽象，即它脫離開了具體的事物圖景（體積、面積、質量、形狀、面貌等等），但它之脫離開具體事物的具體形象，卻又恰恰是為了再現（表現）宇宙的動力、

96 拙文〈略論書法〉。

生命的力量，恰恰是為了表現「道」，而與普遍性的情感形式相吻合相同構。

　　中國古人喜歡用人的自然生命及其因素來闡釋文藝，講究「骨法形體」「筋血肌肉」，以及講究「暢神」「遊仙」等等，這些都既與人的生理、生命和身體狀貌、先天氣質相關（例如所謂「骨力」「骨法」即來源於「骨相術」）[97]，又超脫了具體的有限感性存在，而追求與宇宙天地的整個自然相交流、相溝通。而「骨」、「筋」、「肌」、「肉」、「血」這些本來講自然人體的概念，便居然與「神」、「氣」等等同樣成為重要的美學標準和觀念，並一直延續下來。蘇軾論書法說：「書必有神、氣、骨、肉、血，五者缺一，不能成書也」[98]。康有為說：「書若人然，須備筋、骨、血、肉。血濃骨老，筋藏肉瑩，加之姿態奇逸，可謂美矣」[99]。胡應麟說：「詩之筋、骨，猶木之根幹也。肌肉，猶枝葉也，色澤神韻，猶花蕊也。」[100]凡此等等，把本來是人的形體生理的概念當作美學和文藝尺度，相當清晰地表現了重視感性生命的儒道互補：以生命為美，以生命呈現在人體自然中的力量、氣質、姿容為美。它不正是「天行健」（儒）和「逍遙遊」（道）麼？不正是後者對前者的補充和擴展麼？這也屬於「人的自然化」。如前所述，莊子

---

97 參看李澤厚、劉綱紀《中國美學史》第 2 卷。

98 《東坡題跋・卷 4・論書》。

99 《廣藝舟雙楫・餘論第十九》。

100 《詩藪》外編卷 5。

在這方面是把「天人同構」遠為具體地和深刻地發展了，由於它捨棄了社會和人事，集中注意在人的生命與宇宙自然的同構呼應，從而才注意和突出了由全身心與自然規律長期呼應而積累下來可以傾泄而出的無意識現象。這對文藝創作是非常重要的，對後世中國文藝影響極大。

對照一下現代西方美學，也很有意思。S. Langer 說：

你愈是深入地研究藝術品的結構，你就愈加清楚地發現藝術結構與生命結構的相似之處，這裡所說的生命結構，包括著從低級生物的生命的結構到人類情感和人類本性這樣一些複雜的生命結構（情感和人性正是那些最高級的藝術所傳達的意義）。正是由於這兩種結構之間的相似性，才使得一幅畫、一支歌或一首詩與一件普通的事物區別開來——使它們看上去像是一種生命的形式，而不是用機械的方法製造出來的；使它的表現意義看上去像是直接包含在藝術品之中（這個意義就是我們自己的感性存在，也就是現實存在）。[101]

《莊子》裡還有「氣功」、「導引術」等內容，如「真人之息以踵」「緣督以為經」等等說法便是。這都屬於「人的自然化」範圍，包括今天所謂「人體特異功能」，其中包含著許多尚待發現的

---

101 蘇珊‧朗格：《藝術問題》，中國社會科學出版社，北京，1983年，第55頁。

感性的祕密。總之是要求人的生理過程、生命節律與整個宇宙自然相擁抱、相同一，它涉及至今尚不清楚的生理學、醫學中的許多問題，而與「人的自然化」的哲學命題相關。當然，這比美學中和文藝創作中的無意識就遠為巨大和廣泛，但又仍與美學相關[102]。可見，莊子哲學作為美學，包含了現實生活、人生態度、理想人格和無意識等許多方面，這就是「人的自然化」的全部內容。美學在這裡，也就遠不只是個賞心悅目的欣賞問題或藝術問題，而是一種與自然同化，參其奧祕以建構身心本體的巨大哲學問題了。

莊子所突出的「人的自然化」，一方面發展為後世的道教以及民間的「氣功」「修煉」等等健身保生、延年益壽、以至「長生」「登仙」等神祕實踐和理論；另方面在哲學上則如上所述，被吸收和同化在儒家「天人同構」的系統裡，擴大了和純粹化了這個同構（去掉儒家那些與人事、政治、倫理的牽強比附），並被現實地運用在實際生活中、人生態度中、鍛鍊身心中和文藝創作中、審美欣賞中。道家的「人的自然化」成了儒家的「自然的人化」的充分補足。

---

102 太極拳便是既與氣功有關又有審美素質的一種運動——藝術。在太極拳的鍛鍊中，不僅可以獲得身心健康，而且可以有審美愉快。參看 Sophia Delza, "The Art of Tai Chi Ch'uan", *Journal of Aesthetic and Art Criticism*, Vol. 26, No. 4, 1967。

四、美在深情

「雖體解吾猶未變兮」：生死再反思

　　與中原北國有所不同，南楚故地是巫風未衰的地域。它標誌著遠古遺俗在這裡延續得更為長久。中國南北文化的差異，由來久遠，有深厚的歷史根基，此處不遑多論。要之，以屈原為最大代表的中國南方文化，開始就具有其獨特的輝煌色彩。劉勰所稱讚的「驚采絕艷」[1]，是這一特徵的準確描述。無論工藝、繪畫、文學以及對世界的總體意識……，想像總是那樣的豐富多彩、浪漫不羈，官能感觸是那樣的強烈鮮明、繽紛五色；而情感又是那樣的熾烈頑強、高昂執著……。「托雲龍，說迂怪」；「康回傾地，夷羿彈日，木天九首，土伯三目」；「敘情怨，則鬱伊而易感；述離居，則愴怏而難懷」[2]。它們把遠古童年期所具有的天真、忠實、熱烈而稚氣的種種精神，極好地保存和伸延下來了；正如北方的儒家以制度和觀念的形式將「禮樂傳統」保存下來一樣。南國的保存更具有神話的活潑性質，它更加開放，更少約束，從而更具有熱烈的情緒感染力量。「〈騷經〉〈九章〉，朗麗以哀志，〈九歌〉〈九辯〉，綺靡以傷情」[3]。這是真正的文藝創作，而不是「不

1 《文心雕龍·辨騷》。
2 同上。

學詩，無以言」的外交辭令。這是真正的神話，而不是「繪事後
素」、經過理性梳妝的寓言。這是真正的青春詩篇，而不是成人們
的倫理教訓。

　　但是，到屈原那個時代，中國南北方的文化交流、滲透和彼
此融合，畢竟已是一種無可阻擋的主流。北國以其文明發達、制
度先進的禮樂傳統向南方傳播蔓延。「從《左傳》中可以看到，楚
國君臣上下，很多人能引用《詩經》作為外交辭令。孟子還曾指
出，『陳良，楚產也，悅周公仲尼之道，北學於中國』（《孟子‧滕
文公上》），當時由楚而 『北學於中國』 的，當然不止陳良一
人」[4]。屈原本人便是「上稱帝嚳，下道齊桓，中述湯武，以刺
其事，明道德之廣崇，治亂之條貫，靡不畢見」[5]，「其陳堯舜之
耿介，稱湯武之祗敬，典誥之體也；譏桀紂之猖披，傷羿澆之顛
隕，規諷之旨也；虯龍以喻君子，雲蜺以譬讒邪，比興之義也。
每一顧而掩涕，嘆君門之九重，忠怨之辭也。觀茲四事，同於
〈風〉〈雅〉者也」[6]。這講的未免有些過分，但屈原接受了儒學
傳統，他那積極入世、救國濟民的精神觀念，他那始終關懷政治
的頑強意念和忠摯情感，他那人格追求和社會理想，都與儒家有
關，恐怕是無可懷疑的。「紛吾既有此內美兮，又重之以修

---

3 同上。
4 李澤厚、劉綱紀：《中國美學史》第 1 卷，第 365 頁。
5 《史記‧屈原賈生列傳》。
6 《文心雕龍‧辨騷》。

能」[7]，以世襲貴族的「修身」為本，這也正是儒家的傳統。屈原把儒家「文質彬彬，然後君子」[8]的美善統一的理想，以南國獨有的形態表現出來了。

這種表現形態的特徵，便是「把最為生動鮮艷、只有在原始神話中才能出現的那種無羈而多義的浪漫想像，與最為熾熱深沈、只有在理性覺醒時刻才能有的個體人格和情操，最完滿地溶化成了有機整體」[9]。它還沒有受到嚴格約束，「從而不像所謂『詩教』之類有那麼多的道德規範和理知約束。相反，原始的活力，狂放的意緒，無羈的想像，在這裡表現得更為自由和充分」[10]。也如魯迅所指出：「幸其固有文化尚未淪亡，交錯為文，遂生壯彩」[11]。可見，這「壯彩」正是「固有文化」的南楚特色與北方儒學相「交錯」成文的產物。

之所以要多次提到無羈「想像」，是因為人們經常把屈、莊並提。莊子也來自南方，莊文中也極多「無羈想像」。《楚辭》中有〈遠遊〉、《莊子》有〈逍遙遊〉；莊子遺世獨立，神遊天地，屈原也有好些近乎「遊仙」之辭，也有對獨立人格的追求和實踐。但是，屈、莊畢竟不同。其不同就在：對人際的是非、善惡、美醜是否執著。莊否而屈是。莊以其超是非、同美醜、一善惡而超乎

7 《楚辭·離騷》。

8 《論語·雍也》。

9 《美的歷程·楚漢浪漫主義》。

10 同上。

11 《漢文學史綱要》。

塵世人際，與大自然合為一體；屈不同，他是頑強地執著地追求
人際的真理、世上的忠實。他似乎完全回到了儒家，但把儒家的
那種仁義道德，深沈真摯地情感化了。儒、莊、屈的這種同異，
最鮮明地表現在對待死亡的態度上。我認為，死亡構成屈原作品
和思想中最為「驚采絕艷」的頭號主題。

孔子說：「朝聞道，夕死可矣。」[12]又說：「志士仁人，無求
生以害仁，有殺身以成仁。」[13]這是平靜、勇敢而無所畏懼地面
對死亡，但比較抽象。它只構成某種道德理念或絕對律令，卻抽
去了個體面臨或選擇死亡所必然產生的種種思慮、情感和意緒。

莊子說：「其生若浮，其死若休」；「雖南面王樂，不能過
也」[14]；一生死，齊壽夭，但這是一種理想的人格態度。完全拋
脫人世一切計慮、一切感情，不但對大多數濟世救民、積極入世
的人來說很難做到，而且距離具有自我意識的個體存在所面臨死
亡時的具體情緒，也確乎遙遠。

並且，無論孔、莊，都講過好些「邦無道則愚」、「處於材不
材之間」等等以保身全生的話，這也就是所謂「既明且哲，以保
其身」的北方古訓的傳統教導之一。這種教導也同樣存留在楚國
和《楚辭》中，例如著名的〈漁父〉：「聖人不凝滯於物，而能與
世推移。世人皆濁，何不淈其泥而揚其波；眾人皆醉，何不餔其

---

12 《論語・里仁》。

13 《論語・衛靈公》。

14 《莊子・至樂》。

糟而歠其釃。……滄浪之水清兮,可以濯吾纓,滄浪之水濁兮,
可以濯吾足。」但是,這卻恰恰是孔、莊都有而為屈原所拒絕的
人生態度和生活道路。屈原寧肯選擇死,而不選擇生:「寧赴湘
流,葬於江魚之腹中,安能以皓皓之白而蒙世之塵埃乎」[15]?他
的選擇是這樣的堅決、果斷、長久。它是自我意識的充分呈露,
是一種理性的情感抉擇,而絕非一時的衝動或迷信的盲從。

　　Albert Camus 說:「哲學的根本問題是自殺問題,決定是否值
得活著是首要問題。世界究竟是否三維或思想究竟有九個還有十
二個範疇等等,都是次要的」[16]。Hans-Geor Gadamer 說,「人性
特徵在於人在構建思想超越其自身在世上生存的能力,即想到死。
這就是為什麼埋葬死者大概是人性形成的基本現象」[17]。如果說,
Shakespeare 在 *Hamlet* 中以「活還是不活,這就是問題」表現了
文藝復興提出的歐洲特點;那麼,屈原大概便是第一個以古典的
中國方式在二千年前尖銳地提出了這個「首要問題」的詩人哲學
家。並且,他確乎以自己的行動回答了這個問題。這個否定的回
答是那樣「驚采絕艷」,從而便把這個人性問題——「我值得活著
麼?」——提到極為尖銳的和最為深刻的高度。把屈原的藝術提
昇到無比深邃程度的正是這個死亡——自殺的人性主題,它極大
地發揚和補充了北方的儒學傳統,構成中國優良文化中一個很重

---

15 《楚辭‧漁父》。

16 Albert Camus, *The Myth of Sisyphus.*

17 Gadamer, *Reason in the Age of Science*, p. 75.

要的因素。

如果像莊子那樣，「死生無變於己」[18] 就不能有這主題；如果像儒學那樣，那麼平寧而抽象，「存吾順事，歿吾寧也」[19] 也不會有這主題。屈原正是在明確意識到自己必須選擇死亡、自殺的時候，來滿懷情感地上天下地，覓遍時空，來追詢，來發問，來傾訴，來詛咒，來執著地探求什麼是是，什麼是非，什麼是善，什麼是惡，什麼是美，什麼是醜。他要求這一切在死亡面前展現出它們的原形，要求就它們的存在和假存在來作出解答。「何昔日之芳草兮，今直此蕭艾也？」「何方圓之能周兮，夫孰異道而相安？」[20] 政治的成敗、歷史的命運、生命的價值、遠古的傳統，它們是合理的麼？是可以理解的麼？生存失去支柱，所以「天問」，污濁必須超越，所以「離騷」。人作為具體的現實存在的依據何在，在這裡有了空前的突出。屈原是以這種人的個體血肉之軀的現實存在的重要性和可能性來尋問真理。從而，這真理便不再是觀念式的普遍性概念，也不是某種實用性的生活道路，而是「此在」本身。所以，它充滿了極為濃烈的情感哀傷。

可以清楚地看到，那是顆受了傷的孤獨的心：痛苦、困惑、煩惱、騷亂、憤慨而哀傷。世界和人生在這裡已化為非常具體而複雜的個體情感自身，因為這情感與是否生存有著直接聯繫。事

---

18 《莊子·齊物論》。

19 張載：《正蒙·西銘》。

20 《楚辭·離騷》。

物可以變遷，可以延續，只有我的死是無可重複和無可替代的。以這個我的存在即將消失的「無」，便可以抗衡、可以詢問、可以詛咒那一切存在的「有」。它可以那樣自由地遨遊宇宙，那樣無所忌憚地懷疑傳統，那樣憤慨怨恨地議論當政……。有如王夫之所說：「惟極於死以為態，故可任性孤行」[21]。

他總是那麼異常孤獨和分外哀傷：

鷙鳥之不群兮，自前世而固然。[22]世溷濁而莫吾知兮，吾方高馳而不顧。[23]哀吾生之無樂兮，幽獨處乎山中；吾不能變心而從俗兮，固將愁苦而終窮。[24]涕泣交而淒淒兮，思不眠以至曙；終長夜之曼曼兮，掩此哀而不去。[25]

這個偉大孤獨者的最後決定是選擇死：

寧溘死以流亡兮，余不忍為此態也。[26]既莫足與為美政兮，吾將從彭咸之所居。[27]寧溘死而流亡兮，恐禍殃之有再；不畢辭

---

21 王夫之：《楚辭通釋》。

22 《楚辭·離騷》。

23 《楚辭·九章·涉江》。

24 同上。

25 《楚辭·九章·悲回風》。

26 《楚辭·離騷》。

27 同上。

而赴淵兮，惜雍君之不識。[28]臨沅湘之玄淵兮，遂自忍而沈流；
卒沒身而絕名兮，惜雍君之不昭。[29]知死不可讓，願勿愛兮。[30]
浮江淮而入海兮，從子胥而自適；望大河之洲渚兮，悲申徒之抗
跡；驟諫君而不聽兮，任重石之何益；心絓結而不解兮，思蹇產
而不釋。[31]

　　王夫之說，屈原的這些作品都是「往復思維，決以沈江自
失」，「決意於死，故明其志以告君子」，「蓋原自沈時永訣之辭
也」[32]。在文藝史上，決定選擇自殺所作的詩篇達到如此高度成
就，是罕見的。詩人以其死亡的選擇來描述，來想像，來思索，
來抒發。生的豐富性、深刻性、生動性被多樣而繁複地展示出來，
是非、善惡、美醜的不可並存的對立、衝突、變換的尖銳性、複
雜性被顯露出來，歷史和人世的悲劇性、黑暗性和不可知性被提
了出來。「伍子逢殃兮，比干菹醢，與前世而皆然兮，吾又何怨乎
今之人。」[33]「矰弋機而在上兮，罻羅張而治下。」[34]「固時俗
之工巧兮……竟周容以為變。」[35]「天命反側，何罰何佑？齊桓

28　《楚辭・九章・惜往日》。

29　同上。

30　《楚辭・九章・懷沙》。

31　《楚辭・九章・悲回風》。

32　《楚辭通釋》。

33　《楚辭・九章・涉江》。

34　《楚辭・九章・惜誦》。

九令，卒然身殺。……何聖人之一德，卒其異方？梅伯受醢，箕子佯狂。」[36]既然如此，世界和存在是如此之荒誕、醜陋、無道理、沒目的，那我又值得活麼？

要驅除掉求活這個極為強大的自然生物本能，要實現與這個醜惡世界作死亡決裂的人性，對一個真有血肉之軀的個體，本是很不容易的。它不是那種「匹夫匹婦自經於溝洫」式的負氣，而是只有自我意識才能做到的以死亡來抗衡荒謬的世界。這抗衡是經過對生死仔細反思後的自我選擇。在這反思和選擇中，把人性的全部美好的思想情感，包括對生命的眷戀、執著和歡欣，統統凝聚和積澱在這感性情感中了。這情感不同於「禮樂傳統」所要求塑造、陶冶的普遍性的群體情感形式，這裡的情感是自我在選擇死亡而意識世界和回顧生存時所激發的非常具體而個性化的感情。它之所以具體，是因為這些情感始終縈繞著、糾纏於自我參與了的種種具體的政治鬥爭、危亡形勢和切身經歷。它絲毫也不「超脫」，而是執著在這些具體事務的狀況形勢中來判斷是非、美醜、善惡。這種判斷從而不只是理知的思索，它們更是情感的反應，而且在這裡，理知是沈浸、融化在情感之中的。這當然不是那種「普遍性的情感形式」所能等同或替代的。它之所以個性化，是因為這是屈原以捨棄個體生存為代價的呼號抒發，它是那獨一無二、不可重複的存在的本身的顯露。這也不是那「普遍性的情

---

35 《楚辭·離騷》。

36 《楚辭·天問》。

感形式」所能等同。正是這種異常具體而個性化的感情，給了那「情感的普遍性形式」以重要的突破和擴展。它注入「情感的普遍性形式」以鮮紅的活的人血，使這種普遍性形式不再限定在「樂而不淫，哀而不傷」的束縛或框架裡，而可以是哀傷之至；使這種形式不只是「樂從和」、「詩言志」，而可以是「愴快難懷」，「忿懟不容」。這即是說，使這種情感形式在顯露和參與人生深度上，獲得了空前的悲劇性的沈積意義和衝擊力量。

儘管屈原從理知上提出了他之所以選擇死亡的某些理論上或倫理上的理由，如不忍見事態發展祖國淪亡等等，但他不願聽從「漁父」的勸告，不走孔子、莊子和「明哲」古訓的道路，都說明這種死亡的選擇更是情感上的。他從情感上便覺得活不下去，理知上的「不值得活」在這裡明顯地展現為情感上的「決不能活」。這種情感上的「決不能活」，如前所說，不是某種本能的衝動或迷狂的信仰，而仍然是溶入了、滲透了並且經過了個體的道德責任感的反省之後的積澱產物。它既不神祕，也非狂熱，而仍然是一種理性的情感態度。但是，它雖符合理性甚至符合道德，卻又超越了它們。它是生死的再反思，涉及了心理本體的建設。

所以，儘管後世有人或譏諷屈原過於「愚忠」，接受了儒家的「奴才哲學」，或指責屈原「露才揚己」[37]，「懷沙赴水⋯⋯都過當了」[38]，不符合儒家的溫厚精神。但是，你能夠去死嗎？在這

---

37 班固：〈離騷序〉。

38 《朱子語類》卷80。

個巨大的主題面前，嘲諷者和指責者都將退縮。「自古艱難唯一死，傷心豈獨息夫人」。如果說「從容就義」比「慷慨從仁」難，那麼自殺死亡比「從仁」「就義」，就似乎更難了。特別當它並不是一時之泄憤、盲目的情緒、狂熱的觀念，而是在仔細反思了生和死、咀嚼了人生的價值和現世的荒謬之後。這種選擇死亡和面對死亡的個體情感，強有力地建築著人類的心理本體。

也正因如此，便是這種展現存在的情感本身，而不一定是自殺這死亡的具體行動方式，給後世華夏文藝以極大影響。屈原以其選擇死亡的人性高揚和情感態度，即對醜惡現實的徹底否決和對理想人生的眷戀憧憬，極大地感染、啟發和教育著後代人們。屈原通過死，把禮樂傳統和孔門仁學對生死、對人生、對生活的哲理態度，提到了一個空前深刻的情感新高度。據說，日本人有自殺為美的古典傳統。「日諺有云，花是櫻花，人是武士。意謂花以櫻花為最，人以武士為上。人的生死，有如櫻花，一下散落，乾淨利落，故美。……因為死與自殺具有櫻花一般的美，日本作家自殺率之高，舉世聞名」[39]。著名日本作家三島由紀夫說，「死是唯一的神祕。……想像力的深邃極致處就在死（的那一片刻）」[40]。像櫻花那樣熱烈而短暫的盛開和急遽的飄落消逝，似確乎象徵著這種死亡（切腹自殺的行動）為美的日本式的心理塑造。

華夏傳統的心理塑造卻不然。儘管屈原以死的行動震撼著知

---

39 傅偉勳：〈日本人的生死觀〉，《中國時報》，1985 年 9 月 1 日。

40 轉引自上文。

識分子，但在儒家傳統的支配下，效法屈原自殺的畢竟是極少數，因之，它並不以死的行動而毋寧是以對死的深沈感受和情感反思來替代真正的行動。因之是以它（死亡）來反覆錘煉心靈，使心靈擔負起整個生存的重量（包括屈辱、扭曲、痛苦……）而日益深厚。不是櫻花式的熱烈在俄頃，而毋寧如菊、梅、松、竹，以耐力長久為理想的象徵。所以後世效法屈原自沈的儘管並不太多，不一定要去死，但屈原所反覆錘煉的那種「雖體解吾猶未變兮」「雖九死其猶未悔」的心理情感，那種由屈原第一次表達出來的死之前的悲憤哀傷、苦痛愛戀，那種純任志氣、坦露性情……，總之，那種屈原式的情感操守卻一代又一代地培育著中國知識者的心魂，並經常成為生活的和創作的原動力量。司馬遷忍辱負重的生存，嵇康、阮籍的悲憤哀傷，也都是在死亡面前所生的深厚沈鬱的「此在」的情感本身。他們都考慮過或考慮到去死，儘管他們並沒有那樣去做，卻把經常只有面臨死亡才能最大地發現的「在」的意義很好地展露了出來。它們是通過對死的情感思索而發射出來的外在的光芒。

「死生亦大矣，豈不痛哉！」在第二章引用這感嘆，是說明儒家以對人生短促即對生的關注來避開死的面臨，但對每個感性生存的個體，死的面臨從來就是一個不可避開的大問題。不同的是所達到的自我意識的不同高度。面臨死亡時可以有道家式的曠達，來補充儒家的避開，例如陶淵明：

荒草何茫茫，白楊亦蕭蕭。嚴霜九月中，送我出遠郊。四面

無人居，高墳正嶕嶢，馬為仰天鳴，風為自蕭條。幽室一已閉，千年不復朝。千年不復朝，賢達將奈何！向來相送人，各自還其家。親戚或餘悲，他人亦已歌。死去何所道，托體同山阿。

這似乎是相當超脫的「一死生」了。但實際給予人們的，不仍然是對死亡的沈痛悲哀麼？「固知一死生為虛誕，齊彭殤為妄作」[41]，莊子那種「一死生」要真正化為某種情感態度即徹底地無情，實際上很難辦到。「人非草木，孰能無情？」因此，對死亡的自覺選擇和面臨死亡的本體感受，就恰好反過來加深了儒學傳統中對人生短促的情感關注。於是，為屈原所突出的選擇死亡便不只是對死亡的悲哀，而且是在死亡面前那種執著頑強、不肯讓步的生的態度。這裡，選擇死亡的情感實際又是堅守信念的情感，死的反思歸結為生的把握：既然連死都願意選擇，那又何況於「貶」、「竄」或其他？所以，在既「貶」且「竄」之後，仍然執著於生存，堅守著自己的信念、情感，仍然悲憤哀傷於人際世事，這也就是屈原的情操傳統。這傳統為後世士大夫知識分子所承繼下來，將「歲寒，然後知松柏之後凋也」「匹夫不可奪志」的儒學傳統填滿了真摯情感，使內心的「情理結構」具有了深沈的生死蘊涵，而達到人生存在的應有的感情深度。

柳宗元讚賞地說過「哀如屈原」。柳宗元在政治鬥爭的巨大失敗後被貶在蠻瘴地的南方，抑鬱憤懣，也很像屈原。他沒有去選

41 王羲之：〈蘭亭集序〉。

擇死，但他總有那種對死的驚覺：

> 人生少得六、七十年。今已三十七矣。長來覺日月益促，歲歲更甚，大都不過數十寒暑，則無此身矣。[42]
>
> 假令病盡身復壯，悠悠人世，不過為三十年客耳。前過二十七年與瞬息無異，後所得者，不足把玩，亦已審矣。[43]

　　這固然是儒家傳統對生的短促的驚嘆，但更是屈騷傳統對死將到來的反思。這是對死的關注，也是對生的質疑，「不足把玩」、「日月益促」，人生本是多麼悲哀喲。

　　劉後村說：「柳子厚之貶，其憂悲憔悴之嘆，發於詩者，特為酸楚，卒以憤死，未為達理」[44]。也許的確未達儒家的中庸保身之理，也未達莊子的逍遙齊物之理，所以劉把陶潛與之對比說：「惟淵明則不然，觀其〈貧士〉、〈責子〉與其他所作，當憂則憂，當喜則喜，忽然憂樂兩忘，則隨所寓而皆適」[45]。但這種抑此揚彼是並不恰當的。柳宗元那執著、憤懣的強烈情感，那孤峭嚴峻、冰清玉潔式的藝術風格所傳達出來的，便正是以死亡為主題的屈原式的深情美麗；這卻是莊子、陶潛所不能代替的。柳宗元與上

---

42 《柳河東全集・卷30・與蕭翰林書》。
43 《柳河東全集・卷30・與蕭翰林書》。
44 見《陶靖節集附錄諸家評陶彙集》。
45 見《陶靖節集附錄諸家評陶彙集》。

述司馬遷、嵇康、阮籍等人，都是屈騷傳統的突出繼承者。所以
儘管他們的作品或被人稱為「謗書」（司馬遷），或自稱「薄湯、
武而非周、孔」（嵇康），但仍然受當時和後代廣大的儒家知識分
子的歡迎和肯定。正像陶潛、李白吸收了莊子一樣，他們繼承、
吸收、發揚了屈騷精神，再一次的擴展了、豐富了、發展了儒學，
使儒家重道德、重節操、重情感的仁學傳統獲得了深刻的生死內
容。正是通過這些人物及其作品的精神感召和藝術感染，在後世
首先是在魏晉而被確定下來，成為華夏的人性結構和美學風格中
的重要因素。

 ## 「情之所鍾，正在我輩」：本體的探詢與感受

　　《美的歷程》曾認為，楚、漢文化一脈相傳。《文心雕龍》
說，「楚艷漢侈，流弊不返」[46]，漢人好楚辭，從宮廷到下層，幾
乎數百年不衰。其中一個重要現象是，即使是顯赫貴族，即使是
歡樂盛會，也常要用悲哀的「輓歌」來作樂。「京師賓婚嘉會，酒
酣之後，續以輓歌。」[47]「大將軍梁商……大會賓客，讌於洛

46《文心雕龍・辨騷》。

水⋯⋯，酣飲極歡，及酒闌倡罷，繼以薤露之歌，坐中聞者，皆為掩涕」[48]。這雖被儒家譏評為「哀樂失時」[49]，卻作為風尚，一直延續到魏晉，如「袁山松出遊，每好令左右作輓歌」[50]，「張驎酒後輓歌甚淒苦」[51]。錢鍾書說，「奏樂以生悲為善音，聽樂以能悲為知音。漢魏六朝，風尚如斯」[52]；又說「吾國古人言音樂以悲哀為主。⋯⋯使人危涕墜心，匪止好音悅耳也，佳景悅目，亦復有之⋯⋯或云『讀詩至美妙處，真淚方流』。⋯⋯故知隕涕為貴，不獨聆音」[53]。由音樂而自然景物而詩，審美和藝術常以激發人的悲哀為特徵和極致，這大概是一種普遍規律，也是塑造人性情感的一種非常重要的方法或模式。而最悲哀的莫過於生死之間，對死的悲哀意識正標誌著對生的自覺，它大概來源於上古的「喪禮」「葬禮」。上節曾引 Gadamer 的話說人性起始於埋葬死者。中國的「禮樂」傳統也首重喪葬。儒家保存和發展這傳統，並開始加以內在化。孔子說，「喪與其易也，寧戚」，即強調比儀式更重要的是內在情感的悲哀。在人性自覺和心理塑造中，悲哀是種非常重要和突出的感情。動物沒有喪葬禮儀，從而也大概不

---

47 《後漢書‧五行志》注引《風俗通》。

48 《後漢書‧周舉傳》。

49 同上。

50 《世說新語‧任誕》。

51 同上。

52 《管錐編》第 3 冊，中華書局，北京，1979 年，第 946 頁。

53 同上書，第 949～950 頁。

會有對死亡具有社會認識性能的深重悲哀；而原始人群通過喪葬禮儀所共享的這種悲哀，是某種情感的自意識、自咀嚼，其中包含著對生活、對人際關係、對生存的某種理解、認識和回顧，包含著某種記憶、理解和認同，這對於鞏固原始群體、增進群體成員的團結合作，是有重要的社會功能的。從內在心理方面說，它使生物性的情緒因為上述性能而人性化，即使生物情感具有自意識的理性內容。這也就是塑造情感、陶冶性情，是當時建立「普遍性的情感形式」一種重要成果。

楚騷中本多悲哀，到漢代輓歌風行，即使在興高彩烈歡愉嘉會後，也「續以輓歌」，便把原始的「禮樂傳統」提到另一種境地。與屈原的生死反思接近，它是上層貴族和智識者的生存自覺。對死亡的哀傷關注，所表現的是對生存的無比眷戀，並使之具有某種領悟人生的哲理風味。所謂歡樂中的淒愴，不總是加深著這歡樂的深刻度，教人們緊張把握住這並不常在的人生麼？甜蜜中的苦澀，別是一番滋味。這滋味的特徵在於：它帶有某種領悟的感傷、生存的自意識和對有限人生的超越要求，即是說，它有某種對人生的知性觀照在內，然而它卻仍然是情感性的。它既是對本體存在的探詢，又是對它的感受。

可見，自《楚辭》、漢輓歌、〈古詩十九首〉到魏晉悲愴，環繞著這個體生死的詠嘆調，一方面繼承了遠古禮樂傳統和儒家仁學的人性自覺，另方面卻把它們具體地加深了。魏晉作為人的自覺時代，通過這方面，突出地顯現了這一情理結構的塑造進程。

從現實社會講，由《人物志》為代表的政治性品藻，逐漸轉

換到以《世說新語》為代表的審美性品藻[54]，標記著理想人格的
具象化。從哲學理論說，這理想人格的追求本來自《莊子》，魏晉
玄學卻把它落實到生死——人生感懷的情感中了。魏晉整個意識
形態具有的「智慧兼深情」的根本特徵，即以此故。深情的感傷
結合智慧的哲學，直接展現為美學風格，所謂「魏晉風流」，此之
謂也。

　　馮友蘭論「魏晉風流」提出了四點，即「必有玄心」、「須有
洞見」、「須有妙賞」、「必有深情」[55]，也是這個意思。即必需是
智慧（如「洞見」、「玄心」等）和深情。所謂「深情」，首先就是
這種生死之情，這是最大的「情」。

　　前面已說，莊子那種齊壽夭、一死生的人生態度是魏晉名士
們所嚮往所追求卻實際做不到的。正因為做不到，就反使死生壽
夭問題在情感上變得更為突出，更加耿耿於懷，不能自已。《世說
新語》記載了大量有關「傷逝」的哀悲：

　　　王戎喪兒萬子，山簡往省之，王悲不自勝。簡曰：「孩抱中
　　物，何至於此？」王曰：「聖人忘情，最下不及情；情之所鍾，正
　　在我輩」。[56]
　　　支道林喪法虔之後，精神實喪，風味轉墜。……後一年，支

---

54 參看李澤厚、劉綱紀《中國美學史》第 2 卷第 3 章。
55 《三松堂學術文集・論風流》。
56 《世說新語・傷逝》。

遂殞。[57]

　　「慟絕」、「哭甚慟」、「不勝其慟」、「又大慟」……，這些充滿了「傷逝」情懷的記載，卻正是魏晉風度的顯露，即所謂「埋玉樹箸土中，使人情何能已已」[58]。這完全不是鼓盆而歌，強顏歡笑，以理忘情；莊子這種態度已被指斥為「妻亡不哭，亦何可歡？慢吊鼓缶，放此誕言；殆矯其情，近失自然」[59]。莊子所感嘆的「山林歟！皋壤歟！使我欣欣然而樂歟！樂未畢也，哀又繼之；哀樂之來，吾不能御，其去，弗能止。悲夫！世人直為物逆旅耳」[60]，卻是名士們所非常欣賞和深深感受的。王弼在哲學上曾論證說聖人「同於人者」，是「五情」，「五情同，故不能無哀樂以應物」[61]。所謂「不能無哀樂以應物」，也即是「使人情何能已已」。因此也就可以「不勝其慟」，「一慟幾絕」。這種對莊子忘情的改造，表面看來，似乎是儒家的滲入；但儒家並不主張這種對生死的極大悲痛和哀愴。「子夏哭子喪明」，曾被儒學斥責。「一慟幾絕」、「慟絕良久，月食亦卒」……，在儒家看來，是「未為達理」的。因之，這毋寧是自漢以來以屈原為代表的楚風的持續影響，是漢代悲愴輓歌的承續發展。在這裡，屈與儒、道（莊）滲

---

57 同上。

58 同上。

59 嚴可均編：《全晉文》卷60。

60 《莊子·知北遊》。

61 《王弼集校釋》，中華書局，北京，1980年，第640頁。

透融合，形成了以情為核心的魏晉文藝——美學的基本特徵。而時代動亂，苦難連綿，死亡枕藉，更使各種哀歌，從死別到生離，從社會景象到個人遭遇，發展到一個空前的深刻度。這個深刻度正在於：它超出了一般的情緒發洩的簡單內容，而以對人生蒼涼的感喟，來表達出某種本體的探詢。即是說，魏晉時代的「情」的抒發，由於總與對人生——生死——存在的意向、探詢、疑惑相交識，從而達到哲理的高層。這正是由於以「無」為寂然本體的老莊哲學以及它所高揚著的思辨智慧，已活生生地滲透和轉化為熱烈的情緒、銳敏的感受和對生活的頑強執著的緣故。從而，在這裡，一切情感都閃灼著智慧的光輝，有限的人生感傷總富有無垠宇宙的涵義。它變成了一種本體的感受，即本體不只是在思辨中，而且還在審美中，為他們所直接感受著、嗟嘆著、詠味著。擴而充之，不僅對死亡，而且對人事、對風景、對自然，也都可以興發起這種探詢和感受，使世事情懷變得非常美麗。

　　桓公北征經金城，見前為琅邪時種柳，皆已十圍，慨然曰：「木猶如此，人何以堪」，攀枝執條，泫然流淚。[62]

　　衛洗馬初欲渡江，形神慘顇，語左右云：「見此茫茫，不覺百端交集。苟未免有情，亦復誰能遣此？」[63]

　　謝太傅語王右軍曰：「中年傷於哀樂，與親友別，輒作數

---

62 《世說新語‧言語》。

63 同上。

日惡。」⁶⁴

　　桓子野每聞清歌，輒喚奈何。謝公聞之曰：「子野可謂一往有深情。」⁶⁵

　　這種觸目傷心的人生感懷、本體感受，便是深情兼智慧的魏晉美學。屢見於當時的所謂「才情」、「情致」、「神情」、「風采」、「容止」的人評、詩贊，也莫不與此攸關。敏捷的才思、深微的論辯、美麗的言辭、真切的情感，亦即馮友蘭所提的那四項，都由於與這個人生——宇宙大問題直接間接相關聯而具有了深意。它當然不會再是漢代經學的拘拘章注小儒，也不是後世理學的謙謙忠厚君子，而是風度翩翩、情理並茂的精神貴族。這種精神貴族的心靈情理結構便是當時的人格標本。這種人格標本雖以莊老為其哲學玄理，但實際由於屈騷傳統的深入化融，「情」便成為其真正的核心。「名士不必須奇才，但使常得無事，痛飲酒，熟讀〈離騷〉，便可稱名士」⁶⁶，這雖然是在譏諷指責假名士，但也可看出魏晉「名士」與《楚辭》的關係。這也就是為什麼儒家的道德、老莊的思辨在這裡都化而為審美——藝術的人生觀、自然觀，並在這一時期特別突出、空前絕後的原因。

　　從哲學講，莊、老、《易》當時並稱三玄，是魏晉名士津津樂

---

64 同上。

65 《世說新語・任誕》。

66 《世說新語・任誕》。

道的學問。以虛無為本體的魏晉老莊哲學所指向的潛在的無限可能性，並不是真正的虛空、空無，它可隨時化為萬有。這就與儒家《易》學的世界觀人生觀相匯通了。《易》的萬有流變的生的禮讚，莊的高舉遠慕的人格本體，屈的死亡反思的一往深情，在魏晉時代充分的交融匯合，便使以「無」為本的形而上學本體論的構建不純粹是抽象思辨的結晶，使玄學所強調的通過有限又拋棄有限（「盡意莫若象，盡象莫若言」；「得意而忘象」，「得象而忘言」）所達到的無限，不僅僅是思辨的智慧，而且更是情感的體悟。它不僅僅是普遍性的邏輯認識，而且更重要的是個體性的心理建構。它是一種「本體的感受」，它是在個體情感的感性中來探詢、領會、把握和達到那「無形」「無名」「無味」「無聲無臭」的本體。這是一種具體的、充滿了人世情感的感受。所以，王弼講「聖人體無」的特徵，正在於既「神明茂」又「五情同」，前者是智慧，後者是哀樂。這種理想人格，不就正是魏晉名士們那種種玄談無礙而又任情抒發的理論概括麼？不是別的，正是「深情兼智慧」的意識特徵，使魏晉哲學具有美學性質，並從而擴及各個領域的藝術實踐和藝術理論中。陸機的〈文賦〉、宗炳的〈畫山水序〉、王微的〈敘畫〉、劉勰的《文心雕龍》、鍾嶸的《詩品》等等，都無不圍繞著這個「情理結構」在旋轉。魏晉哲學──美學中講的「無」、「道」、「神」、「意」，其中都有著這個「情理結構」的背影。所謂「魏晉風骨」、「晉人風度」、「詩緣情」、「傳神寫照」等等，也均應從此處深探。這時的美學不再像過去僅僅關心情感是否符合於儒家的倫理，而更注意情感自身的意義和價值。情感

已和對人格本體的探詢感受結合起來，它的審美意義已超出倫理政教，從而文藝便不再只是宣揚「名教」的工具了。雖然自禮樂傳統和儒學美學以來，一直認為藝術和情感不可分開，但在純粹審美的意義上來看待藝術和情感，應當說是始於融化了莊、屈在內的魏晉美學的。

莊、屈、儒在魏晉的合流，鑄造了華夏文藝與美學的根本心理特徵和情理機制。在這個機制模態中，作家、藝術家們去感知，去感受，去抒情，去想像，去理解和認識。正因為在這個合流交會中，有《易》、莊的牽制，華夏文藝便不講毀滅中的快樂，不講生命的徹底否定，沒有從希臘悲劇到尼采哲學的那一套。由於有屈、莊的牽制，華夏文藝便總能夠不斷衝破種種儒學正統的「溫柔敦厚」、「文以載道」、「怨而不怒」的政治倫理束縛，蔑視常規，鄙棄禮法，走向精神——心靈的自由和高蹈。由於儒、屈的牽制，華夏文藝又不走向空漠的殘酷、虛妄的超脫或矯情的寂滅，包括著名佛家如支道林，不也因知友之喪而「風味頓躓」，以致「殞亡」的深情如此麼？

由於這種文化心理建構是儒、道、屈三家融合而成的深層的情理交會，它所敏感的人生宇宙的蒼涼悲愴，便經常是飽歷風霜的人事閱歷和生活洗禮的感受，所以它常常並非少年感傷，而更多是成人憂患。無論是屈、陶、李、杜，無論是司馬遷、曹雪芹，無論是蘇、辛、關、馬，也無論是那些著名的書畫大師，華夏文藝所重視的，是所謂「人書俱老」（「人書俱老」的另一因素，是嚴格而自由的形式規範所要求的技巧的高度熟練），也就是這種飽

閱風霜使情理經歷了各種苦難洗禮和生死錘煉的成熟的人性。所謂「庾信文章老更成」、「暮年詩賦動江關」（杜甫詩）云云，指示的都是這種充滿人生閱歷和生活錘煉的心理人格結構：它在痛苦、艱難、困阻、死亡中錘煉過，經歷過，領略過……。

　　如果說，在這個儒、道、屈的合流中，陶潛更呈現了前二者融會的特色故更偏於道的話；那麼，阮籍則可說具有後二者融會的特色而更偏於屈。無論是〈大人先生傳〉〈詠懷詩〉等詩文，還是強調「自然」高於「名教」的理論，那猛烈抨擊禮法、鄙薄世俗、蔑視一切、揭示種種虛偽卑劣，從而追求「超世而絕群，遺俗而獨往，登乎太始之前，覽乎忽漠之初」[67]，儘管充分地表露出道家莊子的深刻印痕，但正如劉勰《文心雕龍》所說，「阮籍使氣以命詩」，他的那種「高蹈」，又並不像莊子那樣飄逸高遠，而毋寧具有著一段被勉強壓抑下去的巨大恐懼、憤懣、激昂和悲哀，它充滿著人世間的憂患、哀傷和沈痛，並與生死存亡的驚恐、思索連在一起。「身仕亂朝，常恐誹謗迂禍，因茲發詠，故每有憂生之嗟」[68]。這實質上承繼了屈騷傳統，而成為阮的基本特色。

　　「無味而和五味」、「無名而名萬物」、「聖人應物而不累於物」，這種以「無」為本，追求與「道」合一，從而「暢神」「盡意」，看來似乎飄逸瀟灑得很的魏晉風度和美學，卻在阮籍這裡，落實為如此深情而憤慨的激動哀傷，其中的消息不是很可玩味的

67 《阮籍集》，上海古籍出版社，上海，1978 年。
68 《昭明文選》卷 29，阮嗣宗〈詠懷詩〉李善注。

麼？請讀阮的〈詠懷詩〉：

> 夜中不能寐，起坐彈鳴琴；薄帷鑒明月，清風吹我襟；孤鴻號外野，朔鳥鳴北林，徘徊將何見，憂思獨傷心。

> 殷憂令志結，怵惕常若驚；逍遙未終晏，朱陽忽西傾。蟋蟀在戶牖，蟪蛄號中庭；心腸未相好，誰云亮我情；願為雲間鳥，千里一哀鳴，三芝延瀛州，遠遊可長生。

如此恐懼哀傷，如此憂憤不平，如此芬芳絢爛，這種要求「遠遊可長生」，與莊子的「逍遙遊」不是很不一樣麼？它幾乎直接《楚辭》。而這，卻是當時玄學家的作品。嵇康也是這樣。這不正是「情之所鍾，正在我輩」的另一種表現麼？「我輩」不是神，神可以完全超越而無情；也不是物，物可以無知無識而無情；正因為是具備感性血肉有生有死的個體（人），才會有這生命的嗟嘆、宇宙的感懷、死亡的恐懼……，這是怎樣也難以解脫的。

從而，這個「情」便不復是先秦兩漢時代那種普遍性的群體情感的框架符號，也還不是近代資本主義時期與個體感情欲求（「人欲」）緊相聯繫的個性解放。這個「情」雖然發自個體，卻又依然是一種普泛的對人生、生死、離別等存在狀態的哀傷感喟，其特徵是充滿了非概念語言所能表達的思辨和智慧。它總與對宇宙的流變、自然的道、人的本體存在的深刻感受和探詢連在一起。藝術作為情感的形式，由遠古那種規範性的普遍符號，進到這裡的對本體探詢和感受的深情抒發，算是把藝術的本質特徵較完滿

地突現出來了。

　　魏晉哲學之所以美，魏晉風度之所以美，魏晉六朝的書法和雕塑之所以美，原因恐怕都在這裡。

　　在中國歷史和文藝史上，魏晉大概是既最為玄思巧辯又最為任情抒發的時代。但從上面也可看出，無論在思辨的智慧中或深情的抒發中，儘管有屈、莊、儒的交會融合，就人物的行為、生活、理想、人生態度說，或者是就思想、情感、性格的組合構成說，表面上屈、莊似乎突出，實際上卻仍然是儒家在或明或暗地始終占據了主幹或基礎地位。所以，嵇康抗命而其子盡忠，陶潛灑脫卻訓兒謹慎，阮籍放浪形骸卻又明哲保身。包括魏晉時代相當流行、在上述幾位那裡便非常突出的醉酒，便也完全不同於西方的酒神精神，不是那情欲的狂歡和本能的衝力，而仍然是在從逃避中尋理解，於頹廢中求醒悟，仍然有著太多的理性。從當時劉伶的〈酒德頌〉，直到後世歐陽修的〈醉翁亭記〉，都明顯呈現出這一點。醉，本是可以麻木理智，放開感情，一任本能，縱其衝動的。但在中國，卻「唯酒無量不及亂」[69]；兩千年來，也始終沒能超出孔夫子所劃定的這個理性態度的範圍。「何以解憂，唯有杜康」（曹操詩），「抽刀斷水水更流，舉杯澆愁愁更愁」（李白詩），……圍繞著酒和醉的，仍然是人世的煩憂、人際的苦痛和對人生、對生活的理性執著和情感眷戀。不是本能的衝力，不是這種衝力所要求或造成的對人生對世界的搗毀、破壞和毀滅，而仍

---

[69] 《論語·鄉黨》。

然對人生對世界是那樣地含蓄溫柔、深情脈脈、情理和諧。

誰道閒情拋擲久？每到春來，惆悵還依舊；日日花前常病酒，不辭鏡裡朱顏瘦。堤上青蕪河畔柳，為問新愁何事年年有？獨立小橋風滿袖，平林新月人歸後。

這被王國維譽為「堂廡特大，開北宋一代風氣」[70] 的正中詞（馮延巳）已沒有魏晉風度中的本體探詢了，但因為保存了那一往情深而非常美麗。深情、執著、溫柔含蓄，成了華夏美學的標準尺度。它承繼著儒家詩教的「溫柔敦厚」，卻又突破而補充著它。這是應該從魏晉算起的。

「立象以盡意」：想像的真實

如同上章「逍遙」的理想人格落實在「人的自然化」和無意識規律中一樣，生死反思和深情智慧在審美──文化領域，則落實為想像的真實，使「賦比興」的原始儒家的詩學，過渡為藝術意境的創造。

---

70 《人間詞話》。

　　孔子說，「祭如在，祭神如神在」[71]；又說「吾不與祭，如不祭」[72]。這種必需本人親自參加的祭禮，包含著對神的想像的禮敬，是一種對本體存在的超道德的感情態度，是活躍在想像中的神祕情感。其實，這與文藝中的 「比興」 就有關係。我曾如此認為：

　　……文藝創作為什麼要比興？……在我看來，這裡正好是使情感客觀化、對象化的問題，「山歌好唱口難開」，「山歌好唱起頭難」。為什麼「起頭難」，「口難開」呢？主觀發洩感情並不難，難就難在使它具有能感染別人的客觀有效性。情感的主觀發洩只有個人的意義，它沒有什麼普遍的客觀有效性。你發怒並不能使別人跟你一樣憤怒，你悲哀也並不能使別人也悲哀。要你的憤怒、悲哀具有可傳達的感染性，即具有普遍的有效客觀性，……這要求把你的主觀感情予以客觀化、對象化。所以，要表達情感反而要把情感停頓一下，醞釀一下，來尋找客觀形象把它傳達出來。這就是「托物興詞」，也就是「比興」。無論是《詩經》或近代民歌中， 開頭幾句經常可以是毫不相干的形象描繪， 道理就在這裡。[73]

---

71 《論語・八佾》。

72 同上。

73 拙著《美學論集》，第 565 頁。

　　這解說從理論看是對的,但從歷史說,卻簡單了些。因為「比興」自身也有一個變化發展的過程。遠古華夏以「樂」為核心的傳統,進入「詩言志」的領域之後,情感的核心因素雖未減退,但這情感仍然是普遍性的情感形式,並且在其開頭,主要是為祭祀所需要、所要求喚起的群體情感,它具有本氏族部落特定的宗教——歷史性質。因之,所謂詩歌開頭似乎是「毫不相干的形象描繪」,例如以動植物為對象開頭的詩篇,「關關雎鳩」也好,「燕燕于飛」也好,最初都有其具體的歷史來由和氏族傳統,並非詩人們隨手拈來的自然對象。特別是這種規範、框架的所謂「比」「興」方式,其來源更是如此。

　　已有研究者指出,中國古代詩歌中比較常見或普通的「起興」如鳥、魚、植物,都有其特定的氏族的神話——巫術——宗教的遠古歷史背景。例如鳥與祖先崇拜、魚與生殖祈禱、樹木與社稷宗室(即氏族家國)崇拜有關。從而,一開頭用鳥、魚、樹木等作為描述對象,本來是有其傳統的嚴重涵義的,而絕非今天一般的魚、鳥之類的比喻,它也不只是後世一般的情景交融的創作過程或手法。「興的起源即人們最初以他物起興,既不是出於審美動機,也不是出於實用動機,而是出於一種深刻的宗教原因」[74]。就是說,那鳥、魚、植物,作為「起興」,本是某種巫術、神話或宗教的觀念,對其氏族、部落有難以語言解說的神祕涵義,它出

---

74 趙沛霖:《興的源起》,中國社會科學出版社,北京,1987年,第247～248頁。

現在人們的想像情感中，如同祭神儀式的音樂、辭語一樣，是具有某種嚴重的本體意義的。

　　但是，隨著歲月的推移，如同在新石器時代陶器圖案紋樣的由寫實到抽象，「是一個由內容到形式的積澱過程，也正是美作為『有意味的形式』的原始形成過程」，以及「隨著歲月的流逝，時代的變遷，這種原來是『有意味的形式』，卻因其重複的仿製而日益淪為失去這種意味的形式，變成規範化的一般形式美」[75]一樣，這些「起興」也由本來具有的巫術、神話、宗教傳統的涵義日益轉變成為一種「先言他物以引起所詠」的情感客觀化的一般的普遍形式了。「隨著歷史的發展，原始興象逐漸失去了其原有的觀念內容而變為抽象的形式。……這個形式被不斷地模仿借鑒，使之逐漸趨於規範化，並成為獨立的藝術形式」[76]，即「比興」的藝術形式。如同在造型藝術中，「內容積澱為形式，想像、觀念積澱為感受」[77]一樣，在這裡，本來是特定的集體（氏族、部落等等）思想情感的特定表現形式，日漸積澱、轉化和擴展為情感客觀化的一般普遍感受——想像規律。鳥、魚、植物，不再具有原有巫術——神話——宗教的嚴重的觀念內容，而成為一般的自然物象被人們所感受和想像。正像我們今天讀「燕燕于飛」，只會感受

---

75 《美的歷程・龍飛鳳舞》。

76 趙沛霖：《興的源起》，中國社會科學出版社，北京，1987年，第247～248頁。

77 《美的歷程・龍飛鳳舞》。

到、想像到輕盈雙燕,而不會再有任何神祕的或神聖的情感觀念了。所以,一方面是想像——情感自身的轉換,由在巫術、神話、宗教觀念中具有神祕性的想像和情感,轉換和擴展為對自然景物的比較寬泛自由的日常的想像和情感;另方面是「比興」的藝術形式的確定,由具有直接、具體的神祕內容的嚴重表達形態,轉換為普泛適用的一般藝術形式,成了借物抒情的自由的形式。這即是說,自然景物的客觀對象可以自由地成為日常生活中抒發情感的對象和手段了。這兩者正好攜手同行。藝術仍然是想像的產兒和情感的邏輯,只是這產兒和「邏輯」,有了其走向人間的深刻變異。

但是,山水花卉鳥獸草木真正作為情感表現和自由想像的對象,又還經歷了一個過程。不但山水詩、畫作為獨立的美學客體(審美對象)興起較晚,而且真正作為詩的自由「比興」,也是如此。從巫術、神話、宗教脫身之後,以自然景物來作為情感抒發的發端和寄託,在以社會論政治哲學為主題的先秦,先是過渡到所謂「比德」的階段。像孔子關於山水的比擬:

「子曰:知者樂水,仁者樂山,知者動,仁者靜;知者樂,仁者壽」[78],「為政以德,譬如北辰,居其所而眾星拱之」[79],以及所謂「繪事後素」(「禮後乎?曰:始可與言詩也矣」)[80]和孟子

---

78 《論語・雍也》。
79 《論語・為政》。
80 《論語・八佾》。

講的「以意逆志」[81]，便都屬於這種方式。它表現在自然景物方面，是對自然景物的感受反應，也從屬在對社會人事的理知認識下，這仍然是禮樂傳統和儒家仁學的延續。

從上引文可見，山水星辰在這裡雖然已不再具備神話、巫術、宗教的內容，卻有著確定的倫理道德的涵義。用山、水比仁、智，孔子之前就有；晚於孔子的更多。例如荀子將水來與「德」、「義」、「道」、「勇」、「志」等相比，等等。所有這些比擬的特性，在於使倫理、道德的規範或範疇通過理知的類比思考，而予以情感化和感受化。在這種比擬中，盡量使得自然現象與倫理特性通過理知的確定認識，來創造出它們在情感上的相互對應的關係。例如，山與人的穩定、可靠、巨大功績、堅實品格，水與人的活潑、快樂、無窮智慧、流動感情，便是通過這種理知的明確認識，來建構或喚起情感上的同形相似的。也即是說，情感的建立和塑造，是通由理知作為中介而實現。

先秦時期的這種「比德」方式被長久承繼下來，這一具體途徑的情理結構也成了一種傳統。例如，一直到清初的石濤的美學中，也仍然將自然的山與「禮」、「和」、「謹」等倫理道德範疇相類比[82]。一直到今天，以所謂梅、蘭、竹、菊「四君子」來比擬崇高人格、莊嚴情操（梗直、耐寒、不凋……），不仍然是中國知識分子和文藝家們（如畫家）所經常運用的文藝形式和情感符號

---

81 《孟子·萬章上》。

82 參看石濤《苦瓜和尚畫語錄》。

麼?又如,漢代《說文》曾說「玉」有「仁、義、智、勇、潔」五「德」。而以「玉」來命名女性,不至今仍到處可見麼?玉在古代是一種禮器,在中古也是作為圭臬、腰帶的或神聖或吉祥的佩物,都是以自然性的質地、觸感和顏色來作為溫厚貞潔等道德性的類比,使自然感受與倫理感情相交融。京劇不是連臉譜的色彩也予以道德涵義麼?「墨、白、紅、藍、黃、綠」分別代表「剛、奸、忠、凶、勇、殘」。所有這些,都是以不同方式將自然性的形象特徵,通過概念性的理知認識來激起倫理感情,以成為審美的感受或表現對象。可見,總起來看,與客體自然特徵相對應聯繫的生理反應能取得社會性的內容,首先是通過上述巫術——神話——宗教(「興」的起源)的中介,然後是通過這種倫理理知(「比德」)的中介,而逐漸實現的。藝術的創作與欣賞,審美情感的建立和實現,也首先是群體(氏族、部落)的原始神祕的意向、情感、觀念通由自然景物的「比興」而客觀化、對象化,然後是道德倫理的人格情操通過這種「比德」而客觀化、對象化。這便是社會性的觀念、思想與生物性的情緒、感受交叉匯聚的歷史行程。所謂「比興」、「比德」便是華夏美學塑造人性情感、心理結構的具體方式,它明顯是「禮樂傳統」和儒家哲學的承繼和表現。

所謂「比德」,首先也是從音樂轉移到其他藝術包括文學上來的。「比興」和「比德」本來就聯在一起。正如古代的巫術、神話、宗教為儒家所道德化倫理化一樣,「禮樂」傳統中對「樂」的解釋論證便充滿了「比德」的內容,這也正好表現了具有巫術、

宗教性能的禮樂傳統向儒家倫理的過渡遺跡。〈樂記〉裡講了大量
「其清明像天，其廣大像地，其俯仰周旋有似乎四時」的「比
德」。這種「比德」觀在許多地方牽強附會到了荒謬的地步，從
《左傳》、《論語》、《荀子》中也可以看到這一點，它們是一脈相
承的。再延續下去，便是第二章講過的從《易傳》到董仲舒建構
五行同構的宇宙圖式了。到漢代，「比德」在文藝上的理論體系，
就是漢儒《詩經》的「美刺」解說，這也在第二章中講到，那完
全成為一種牽強附會的倫理政治的解釋學，連朱熹也不滿意和不
相信了。這種對文藝的政治解釋學的「讀法」，隨著時代的發展，
才日益過渡到真正美學的「讀法」。屈原在這過渡中，要算一個重
要環節。

　　如本章一開頭所講，屈原是接受了儒家教義的，這也表現在
他創作的「比德」特點上。他的作品中有大量的「比德」。有如漢
代王逸〈離騷經序〉所說，「善鳥香草，以配忠貞；惡禽臭物，以
比讒佞；靈脩美人，以媲於君；宓妃佚女，以譬賢臣；虬龍鸞鳳，
以托君子；飄風雲霓，以為小人。」《楚辭・九章》中的〈橘頌〉，
便是著名的「比德」篇章，對橘的描寫只是對自己品格情操的自
頌：「受命不遷，生南國兮。深固難徙，更壹志兮」；「秉德無私，
參天地兮」。所有這些，表明屈原完全接受了儒家的詩教影響，將
「比德」極大地運用和擴展到許許多多的事物景色，美人芳草，
龍鳳雲霓，人禽動植……。

　　但是，值得細緻區分的是，在哪些方面〈橘頌〉比「比德」
的詩教跨出了一步？其中，較明顯的是，在屈原這裡，作為道德

象徵（符號）的自然景物所要表達的，已不只是抽象的道德觀念（仁、智等等）或理論主張（如「繪事後素」），而是本身包含著政治倫理觀念卻又不完全等於它們的情感本身。即是說，這裡作為概念式理性中介的，已不純粹是道德概念和倫理範疇，而是包容情感於其中的感受和想像。這樣，也就使道德倫理的理知性概念變得柔和、多義和朦朧。因為，在屈原這裡，既不再是那遠古的巫術、神話、宗教的神祕性的群體情感，也不只是儒家詩教所要求的那種道德倫理的概念說教，美人芳草、自然景色雖仍是道德的表徵，但同時已是某種不確定性、多義性的情感符號，它從而是一種真正象徵的形象。「美是道德的象徵」這個 Kant 美學中的重要命題，在中國，是由屈原最先完滿體現出來的。Kant 和 Goethe 都指出過色彩與道德的類比聯繫，其實這也就是中國的「比德」。但「其志潔，故其稱物芳」[83]，在屈原〈離騷〉、〈九章〉等作品中，以「美人香草」為代表的那些象徵符號，已不再是純「比德」的概念認識，不再只是由類比抽象概念認識所激起的普遍情感，而是這些符號本身所包含和喚起的富有「志潔」個性的情感創作了。

　　需要研究的是，概念性的認識、道德倫理性的情感、由自然景物生發起的想像和感受這三者是如何具體地交會配合、結構組成和推移變化的。這屬於文藝心理學，越出了本書範圍，不能詳論。粗略看來，如前所說，從對自然景物的神祕性的原始想像和

---

83 《史記・屈原賈生列傳》。

對神靈本體的畏敬情感（原始的「起興」），到由概念性的明確認識為中介，以自然景物比擬於倫理道德的品德來造成與情感的聯繫（「比德」），再到自然景物的想像逐漸占優勢從而直接地自由地聯繫各種情感和感受，可能便是文藝心理或審美心理的三個階段的歷史進程。其中，想像一環的突出地位，無論是神祕性的朦朧想像（原始的「興」），或是概念性的想像（「比德」），或是真正個性情感性的想像，在審美的情理結構的塑造形成中，無疑都極為重要。想像在這裡，不只是心理問題，經由歷史，它已形成某種人文的模態。它積澱在傳統中，呈現在文藝上，哲學應注意它在建構塑造心理本體的情理結構中的重要地位和功能。

拙著《中國古代思想史論》曾強調，儒家的宇宙觀以滲透情感為其根本特徵。所謂「日新之謂盛德」、「生生之謂易」，便既是倫理道德性的，又是審美情感性的。儒家哲學將整個宇宙、自然、天地予以生命化、倫常化、情感化，其中就包含著巨大的想像，只是這想像由原始的巫術、神話、宗教的荒誕階段，進到「比德」的概念階段，再進到無概念痕跡的情感階段罷了。最後這一階段，也就是 Kant 講審美時所說的無概念而愉快了。屈原可說是從第二階段邁向第三階段的重要代表。（至於《詩經》中的「楊柳依依」，「蒹葭蒼蒼」，是否即如後世的情景意境，則未必。它們只是後世以至今天的「讀法」。在當時恐確有其具體人事、禮儀的涵義，在這方面，漢儒美刺說，又是有其歷史根據的。）

但「比德」方式在文藝創作和現實生活中也同時頑強地延續著。直到清代，張惠言說詞，還是用政治的解釋學來解讀它們。

文藝政治學的「讀法」仍然壓倒著美學的「讀法」。舉一個例，如歐陽修著名小詞：「庭院深深深幾許？楊柳堆煙，簾幕無重數；玉勒雕鞍遊冶處，樓高不見章臺路。雨橫風狂三月暮，門掩黃昏，無計留春住；淚眼問花花不語，亂紅飛過秋千去。」張解釋為：「『庭院深深』，閨中既以邃遠也。『樓高不見』，哲王又不寤也。『章臺遊冶』，小人行徑；『雨橫風狂』，政令暴急也；『亂紅飛去』，斥逐者非一人而已，殆為韓（琦）范（純仁，均宰相）作乎」[84]。這種讀法便是「繪事後素」、「美人香草」和漢儒「美刺」解詩的傳統，它是儒家文化所獨有的「想像」。甚至到現代，周作人解釋魯迅的〈傷逝〉，即使已無政治的內容，也仍然是這種「讀法」，即認為：這是以男女之情寄兄弟之愛，「〈傷逝〉不是普通的戀愛小說，乃是假借了男女的死亡來哀悼兄弟恩情的斷絕的。我這樣說，或者世人都要以為我為妄吧，但是我……深信這是不大會錯的」[85]。張、周的解釋不必可信，但它表現了這種「讀法」、這種想像——認識（理知）——情感的心理結構，是由來久遠的表達和接受的傳統模式。直到今天的書面語言，從詩文到通信，在某種情況下，用冷暖陰晴喻政局好壞，以表達感情，交流感受，傳遞信息，不也仍然可見麼？

不過，不管怎樣，從魏晉開始，這種「比德」型的想像——認識（理知）——情感的結構方式畢竟不占主要地位了。日益占

84 張惠言：《詞選》。

85 《知堂回想錄》，三育圖書文具公司，香港，1970 年，第 426～427 頁。

主要地位的，是非概念性的理解（認識）與情感、想像融為一體。
而魏晉所以從漢代經師的「比德」解詩的說教中解放出來，也正
由於上節所講的「深情兼智慧」的人生感受和本體探詢，使認識
日益重情感性的領會而不重概念性的言傳，使感情日益成為某種
人生智慧和宇宙感懷，這種直觀妙賞和理性深情的交會融合，使
情理結構中的互滲性獲得了改變和擴展，這就使想像逐漸掙脫概
念認識的束縛，為它提供了更為自由的園地。以儒家為主體的華
夏美學，正是在吸收了屈騷並經由魏晉之後，進一步這樣擴展了
它的人文道路。

　　本來，在用自然景物與人的道德相比擬以建構情感心靈時，
美是作為道德的象徵，而不是作為神的象徵；自然景物是作為道
德、品格的符號寄託，而不是作為神祕的威力或神的奇蹟顯露，
這種美學思想的總方向就明顯地指向世間，指向人際社會，而不
是指向神靈、神祕，不是指向那超自然超社會的恐怖的無限深
淵——這正是許多宗教象徵（像印度的濕婆梵天的轉輪）所具有
的。儒家哲學將無限有限化，並即在此有限中去體驗、把握無限，
所追求的是通過現實具體的情感符號去體會把握那超越有限的無
限本體，這本體如上節所說，又是人格情操的理想。這一方面，
如第二章所說，又是將人的生命宇宙化、自然化。而想像就是其
中的橋梁。《世說新語》中有那麼多關於人與自然的比擬，就完全
超出了原有的狹隘的「比德」框架，有了自然與人（人格、人生、
人的風貌、人的存在）相同一的情感性的想像真實：

　　時人目王右軍飄如遊雲，矯若驚龍

　　有人歎王公形茂者，云：「濯濯如春月柳」

　　王公目太尉，巖巖清峙，壁立千仞

　　這不再是倫理道德性的「比德」了。雖然仍有從「比德」而來的印痕，但它們已是人格風貌與自然景物的直接相聯的感受——想像，在這想像中表達著讚賞性的肯定情感，無需以抽象性的倫理概念為中介，從而具有某種多義性、不確定性的特色。從形式看，這裡作為符號、象徵的自然物與人的關係是直接的對應關係，它固然不再需要概念認識來作為中介。從內容看，這裡作為符號、象徵的自然景物也不需要超人的第三者（神）來作為中介或作為支配主宰；所有符號、象徵所提供、所指向、所塑造的情理結構，仍然是人際的感情、世間的悲歡，而不是超人的觀念或超世的情感。想像在形式方面的這種變遷，與內容方面的這種人文進展，是相互促進的。神祕的環境和恐怖的空間（像漢墓壁畫和《楚辭・招魂》裡的四方），日益轉化成人文的歷史和深情的時間。如同在屈原那裡毀滅了仍存在，即使以死亡為依歸的心靈，卻仍然留給活著的心靈以美好的、生存性的建構一樣，魏晉以來，那麼多的空間形象（自然景物）都滲透了時間的深情和人文的依戀。這一點非常重要。儘管因此也許使中國文藝的情感和想像總限定在某種閉合性的和諧的時空系統內，但也由於此，自然景物才失去其可能被賦予的種種異己性、神祕性、威嚇性，從而才有可能在日後的發展中，日益與人的各種感情交融會合，而

終於創造出中國文藝的基本範疇：藝術「意境」。

　　藝術「意境」離不開情景交融，所謂情景交融，也就是近代西方美學講的「移情」現象 (Empathy)。「移情」現象有好幾種。其中有給予形式以生命的所謂「統覺移情」，這就是上章說過的形式同構感，如線條的動靜感，以及「喜氣寫蘭，怒氣寫竹」（蘭的舒展與喜、竹的硬直與怒）[86] 之類。其二是所謂「經驗移情」和「氛圍移情」（如色彩表現性格、音樂表現力量等等），還有好些別的移情種類。總之，是以享受（或創造）的自我與觀賞（或創造）的對象的交融，即對象的形態或活動喚起我的情感活動和意向，又消失在全神貫注的觀照或創造中，而為對象的形態或活動所代替，亦即自身情感與對象形式合而為一。而這，正是華夏文藝中所極力追求的情景交融、物我同一。達到了這樣一種移情或情景交融，從想像形式看，便完全不需要任何觀念的象徵或認識的符號，不需要任何概念作為中介來插入，這也是劉勰所描繪的「形象思維」：「神用象通，情變所孕；物以貌求，理以心應」[87]。這個「理」便不再是道德的「理」了，它也不再是概念所知，而是「情變所孕」了。就是說，美不再只是道德的象徵，而更是情景的交融，不再只是人格情操的概念性的符號所建構的情理結構，

---

86 「元僧覺隱曰，吾嘗以喜氣寫蘭，以怒氣寫竹，蓋謂葉勢飄舉，花蕊舒吐，得喜之神；竹枝縱橫，錯出如刀刃飾怒耳」。李日華：《六研齋二筆》卷 3，第 27 頁。參看《李澤厚哲學美學文選‧審美與形式感》。

87 《文心雕龍‧神思》。

而是無任何概念性符號可言，直接訴之於情感自身、充滿自由想像的情理結構了。它不再局限在松、梅、竹、菊、老虎、蒼鷹等少數固定的情感符號上，而是充耳所聞，觸目所見，都可以成為自由想像的情感形式。在「比德」，情感必須通過概念性的認識中介來注入；在「意境」，情感與對象不再需明確認識的中介。前者所塑造的情理結構，更富於理知、倫理因素的外在突出；後者所塑造的情理結構，使理知完全溶解在情感和想像中而失去獨立的性質，成為一種非自覺性或無意識。如果由這裡回到本節開頭講的「興」，並把它作為數千年中國詩歌的傳統美學原則來考察，便可以清楚地看到，所謂「比」正是「比德」的殘存，它以概念性的認識作為情感與自然事物同構的中介；所謂「興」則可以演化成情感與自然的直接觸合。所以後人一再說，「比顯而興隱」[88]，「文已盡而意有餘，興也」[89]，「比意雖切而卻淺，興意雖闊而味長」[90]，「凡興者，所見在此，所得在彼，不可以事類推，不可以義理求」[91]等等。「興」雖並不完全等於移情和意境，但它是向移情方向的運動。儘管統稱「比興」，實際在文藝創作中，是「興」多於「比」，而且愈到後來愈如此。到魏晉時代，「依情起興」，便已變成為文藝創作的常規，漢代以「后妃之德」來講解《毛詩》

---

88 《文心雕龍・比興》，孔穎達：《毛詩正義》。

89 鍾嶸：《詩品》。

90 《朱子語類》卷80。

91 鄭樵語，轉引自徐復觀《中國文學論集》，學生書局，臺北，1980年，第103頁。

成了過去。到唐詩，「興」作為創造的「情景交融」的「意境」方式，已化為詩人的某種無意識心理而十分成熟了。徐復觀說：

> ……「琵琶起舞換新聲，總是關山離別情。撩亂邊愁聽不盡，高高秋月照長城。」上面這首詩，若說高高秋月照長城與「邊愁」無關，則何以讀來使人有無限寂寞荒寒根觸之感，因而自自然然地把主題中的邊愁，推入到無底無邊的深遠中去呢？若說它與主題的邊愁有關，則又在什麼方面有關？而這種有關又在表明一種具體的什麼呢？這本來就是不可捉摸，也無從追問，而只是由一種醇化後的感情、氣氛、情調，把高高秋月照長城的客觀事物，與主觀的邊愁交會在一起；因而把整個的現實都化成了邊愁，把整個的邊愁，又能化成了山河大地；並即以前澄空無際的秋月所照映下的荒寒蕭瑟地長城作指點。這種交會，是朦朧而看不出接合的界線的，所以它是主客合一，是通過有限而具體的長城，來流蕩著邊愁的無限的。此時，「高高秋月照長城」之所以來到詩人的口邊筆下，只是一種偶然的儻來之物；他內在的感情，不知不覺的與此客觀景象湊泊上了，並不能出之以意匠經營，此之謂神來之筆。這是一首最標準的絕句，也是同體發展的最高典型……。「興」是把詩從原始地素樸地內容與形式，一直推向高峰的最主要的因素。抹煞了「興」在詩中的地位，等於抹煞了詩自身的存在；於是對古人作品的欣賞，必然會停頓在理智主義的層次。[92]

---

92 徐復觀：《中國文學論集》，第116～117頁。

　　由巫術、神話、宗教的「興」的源起，到「比德」，再到「意境」，這也可說是由集體意識層（興的源起）到個體意識層（「比德」）再到個體無意識層（「神來之筆」）的進展。這個個體無意識層所表現出來的心理秩序、情理結構，卻又正是久遠傳統的歷史積澱物。它展示出華夏文藝在塑造、建構人性結構上，其理知、情感、想像、感知諸因素相交觸組合的民族心理進程和基本特徵。

　　其基本特徵之一是，中國文藝在心理上重視想像的真實大於感覺的真實。

　　在中國文學中，無論是詩歌、小說、散文，豐繁複雜，訴諸知覺感覺的細緻描繪並不多見，包括詩歌中最大量最常見的對自然景色的描寫，據有人統計，也以比較抽象的「風」、「月」、「花」、「樹」、「山」、「水」、「鳥」等詞彙為多，究竟是什麼樹，什麼花，什麼鳥，何等的風，何時的月，怎樣的山……，卻寫得很少。也就是說，描述模寫得很不具體。它卻遠沒有古代《楚辭》、《詩經》中那麼多的芳草惡艾、鳥獸草木之名，也遠不及西方詩歌中的眾多花草鳥獸。

　　在繪畫中，則是無光影、無明暗、無確定的具體時空，甚至「高處大山之苔，則松耶柏耶，或未可知」[93]了。

　　在戲曲中更如此：環境完全虛擬，動作亦係假定。「斯坦尼拉夫斯基要求舞臺有如缺面牆的房間，要求演戲像實際生活一樣逼真。中國戲曲就不一樣，例如《三堂會審》中的玉堂春受審，她

---

[93] 唐志契：《繪事微言》。

卻跪著向觀眾交代，這不是荒唐嗎？但觀眾完全可以理解。京劇中的上樓下樓、開門關門，就靠幾個虛擬動作來表現，完全不需要真實布景」[94]。所有這些，都是不重感覺的真實，而重想像的真實，即在想像中有樓、有門，因為手、腳或身體的動作、姿態暗示了它們。這些動作、姿態也是概括性的，甚至是程式化的，也很不具體和真實。這正如前述中國詩、畫中，那些山水景物、風花雪月的狀態（種類、形狀、色彩、大小）並不清晰、具體和明確，但又都有想像的真實完全一樣。它完全依靠創作者、觀賞者、閱讀者的想像來填充來補足。這種補足和填充，主要依賴於現實的人世經驗，所想像的仍然是現實的、生活的圖景，較少純然異樣的虛構組合。這種想像附著的感情也仍然是人世的、現實的感情，較少純然超世的神祕情思。在這裡，「想像的真實」雖然脫離具體的感知，卻又仍然是現實生活的感受和人間世事的感情。從而，所謂「情主景從」，便正因為是在這種情感支配下的想像，它們隨著時代、環境、個性的不同而各有不同，才賦予那並無確定性的風花雪月以更為個性化的具體感受，從而具有很大的包容性、變易性和普遍性。「問君能有幾多愁，恰似一江春水向東流」，這就是一種「想像的真實」，它是相當概括的情感符號，但它隨著不同時代不同社會不同個體的人們，注入了多少不同的具體感受！這些，便都是通過想像，以朦朧的、並不太清楚和並不太具體的外界物象、景色來進行創作和欣賞的。「想像的真實」使華夏文藝

---

94 《李澤厚哲學美學文選》，第 430 頁。

在創作和接受中可以非常自由地處理時空、因果、事物、現象，
即通過虛擬而擴大、縮小、增添、補足，甚至改變時空、因果的
本來面目，使它們更自由地脫出邏輯的常見，而將想著重展示的
感性偶然性的方面突現出來。人們常說中國藝術裡的時空是情理
化的時空，它們也來自這裡。

也正因為強調的是想像的真實，它要求把理解、認識和感知
溶化和從屬在想像中，從而它總強調「點到為止」、「惜墨如金」、
「以少勝多」、「計白當黑」，以含蓄為貴。任何對象、景物、情節
都只起點染啟發的作用。但也因為重想像的真實，感知的自由同
構、情感的直接抒發便經常居於從屬地位，中國藝術講究「妙在
似與不似之間」[95]，仍然有「似」（真實）的一面，而不會是自由
感知、完全抽象，即使是書法藝術，也仍然不同於西方現代派，
這裡除了所抒發的情感本身有所不同外，傳統的「想像的真實」
在創作心理上也起了重要的制約作用。

重「想像的真實」大於重「感知的真實」，不是輕視理知的認
識因素，恰好相反，正因為理解（認識）在暗中起著基礎作用，
所以，虛擬才不覺其假，暗示即許可為真。因有理解作底子，想
像才可以這樣自由而不必依靠知覺。同時，理解（認識）也才不
需要直接顯露，甚至常常匿而不見，理（知）性因素已經完全融
解在想像中去了。在這一情理結構中，想像的真實替代了推理和

---

95 齊白石語，見力群編《齊白石研究》，上海人民出版社，1959 年，第
19 頁。

感覺，不僅理知性的主觀意識早已不見，一切思考性的痕跡、一切符號性、象徵物或種種隱喻明喻都不存在，而且甚至連主觀的情感也不見了。因為它已完全融化在「客觀」景物之中。所以，它呈現為一種似乎是純然「客觀」的視覺圖象，這就是中國詩、畫中艷稱的所謂「寓情於景」「情景交觸」和所謂「畫中有詩」「詩中有畫」以及所謂「無我之境」。即是說，它並不去有意說明什麼，也不刻意去描繪什麼，而「情景一合，自得妙語。撐開說景者，必無景也」[96]。所以，中國詩詞常常像電影畫面和電影蒙太奇那樣的非常客觀（可以純粹是視覺畫面的呈現和組接）又非常主觀（畫面和組織完全受情感角度的支配）[97]。歸根到底，這種「想像的真實」畢竟是情感力量所造成。陸機說，「課虛無以責有，叩寂寞而求音」[98]。要在「虛無」、「寂寞」中憑「想像的真實」生出音樂和畫面來，要真正有「詩情畫意」，只有那莊子「虛己以應物」的創造直觀和純粹意識還是不夠的，它有賴於「情」的滲入。正是深情，使「想像的真實」產生了各種所謂「以我觀物」的「有我之境」和「以物觀物」的「無我之境」，而不再是認識性的描述和概念性的比附了，這樣，就完全突破了儒家「比興」的舊牢籠，而獲有了「意境」創造的廣大天地。也正是在魏晉時代，「風骨」成為文藝批評中的重要範疇和尺度[99]。「骨」在上章

96 王夫之：《明詩評選》卷5。

97 參看拙著《美學論集》。

98 陸機：〈文賦〉。

已講過，它有關強勁剛健的生命和力量，「風」則顯然有關乎交流薰染的感情，所謂「草上之風必偃」[100]。「風骨」的要點在「風」（情感），「風」實際是儒家的「氣」與莊的「道」、屈的「情」相交融會的結果；其中，屈的深情極為重要，正是它構成了「風」的基本特徵。

　　魯迅說，〈古詩十九首〉「或近楚騷，體式實為獨造，誠所謂蓄神奇於溫厚，寓感愴於和平，意愈淺愈深，詞愈近愈遠者也」[101] 距離魏晉不甚遙遠的十九首，其中的草木風月等等自然景色和人間世事，比起〈離騷〉和漢賦來，是遠為普通、概括和模糊了。然而通過它們所給予人們的審美感受，卻反而極其豐富和長久。它確乎是「意愈淺愈深，詞愈近愈遠」；普通人的情感寓於概括化的景物中，它們並不具體，遠非寫實，然而通過想像的真實，二千年來卻如此長久感人。其實，正因為它擺脫了那概念的固定和感知的真實，才贏得了永恆的生命，而構成心理本體的對應物。藝術所展現並打動人的，便正是人類在歷史中所不斷積累沈澱下來的這個情感性的心理本體，它才是永恆的生命。只要中國人一天存在，他就可能和可以去欣賞、感受、玩味這永恆的生命。因為這生命並不是別的，正是我們歷史性的自己。

　　如果說，上章莊子道家以「人的自然化」和無意識規律補充

---

99 參看李澤厚、劉綱紀《中國美學史》第 2 卷。

100 《論語・顏淵》。

101 《漢文學史綱要》。

和擴大了儒家的「自然的人化」和「天人同構」；那麼，這裡屈騷和魏晉（玄學）則以深情兼智慧的本體感受和想像真實，擴展、推進了儒家的倫常情感和「比德」觀念。前者（人的自然化）更多在感知層、形式層，後者（深情兼智慧）更多在情感層、內容層。華夏美學在以儒為主體而又吸收、包容了莊、屈之後，從外、內兩個方面極大地豐富了自己，而不再是本始面目了，但它又並未失去其原有精神。這在下一章接納佛家時，便更明顯了。

五、形上追求

「驀然回首，那人卻在燈火闌珊處」：永恆與妙悟

　　佛教東來，漫延華土，是中國文化史上的特大事件。以儒學為主的漢文化傳統如何與它對待、交接，構成了數百年意識形態的首要課題，激起了各色繽紛的絢爛景色。從藝術到文學，從信仰到思想，或排拒，或吸收，或皈依，或變造，或引莊說佛，或儒佛相爭……。除了政治經濟上的利害論說外，其中心題目之一即在人生境界的追求上。可以說，儒學傳統承續著吸取莊、屈、玄這條線索又邁開了新步，特別是從美學史的角度看。

　　佛教諸宗都傳進中國，但經數百年歷史的挑選洗汰之後，除淨土在下層社會仍有巨大勢力外，在整個社會意識形態中，中國自創的頓悟禪宗成為最後和最大的優勝者。「天下名山僧占多」。而禪又在各宗中占了大多數，他們占據了深山幽谷的大自然。但重要的並不是占據山林，修建廟宇，而是如何由下層百姓的信奉而日益占據了知識分子的心靈，使這心靈在走向大自然中變得更加深沈、超脫和富於形上意味的追求。

　　佛學禪宗的化出的確加強了中國文化的形上性格。它突破了原來的儒家世界觀，不再只是「天行健」、「生生之謂易」，也突破了原來的道家世界觀，不再只是「逍遙遊」，「乘雲氣，騎日月」，

這些都太落跡象，真正的本體是完全超越於這些生長、遊仙、動靜、有無的。從而，它對傳統哲學作了空前的衝擊，但又只是「衝擊」，而並沒扔棄。禪沒否定儒道共持的感性世界和人的感性生存，沒有否定儒家所重視的現實生活和日常世界。儒家說「道在倫常日用之中」，禪宗講「擔水砍柴，莫非妙道」。儘管各道其道，儒、佛（禪）之道並不相同，但認為可以在現實感性生活中去貫道、載道或悟道，卻又是相當一致的。禪把儒、道的超越面提高了一層，而對其內在的實踐面，卻仍然遵循著中國的傳統。所以總起來看，禪仍然是循傳統而更新。

禪作為佛門宗派，是仍要出家當和尚的，即脫離現實人倫和世俗生活。這些和尚們的生活、信仰和思想情感，包括他們那些說教談禪的詩篇，對廣大知識分子及其文藝創作並無重大的影響。真正有重大影響和作用的，是佛學禪宗在理論上、思想上、情感上對超越的形上追求，給未出家當和尚的知識分子在心理結構上、從而在他們的文藝創作、審美趣味和人生態度上所帶來的精神果實。

本書無法來談禪說佛。簡而言之，禪是不訴諸理知的思索，不訴諸盲目的信仰，不去雄辯地論證色空有無，不去精細地講求分析認識，不強調枯坐冥思，不宣揚長修苦煉，而就在與生活本身保持直接聯繫的當下即得、四處皆有的現實境遇中，「悟道」成佛。現實日常生活是普通的感性，就在這普通的感性中便可以超越，可以妙悟，可以達到永恆——獲得那常住不滅的佛性。從而，「既然不需要日常的思維邏輯，又不要遵循共同的規範，禪宗的

「悟道」便經常成為一種完全獨特的個體感受和直觀體會。」[1]
「只有在既非刻意追求，又非不追求；既非有意識，又非無意識；
既非泯滅思慮，又非念念不忘；即所謂『在不住中又常住』和無
所謂『住不住』中以獲得『忽然省悟』」[2]。

這對美學，例如對藝術創作來說，不正是很熟悉、很貼切和
很合乎實際的麼？藝術不是邏輯思維，審美不同於理知認識；它
們都建築在個體的直觀領悟上，既非完全有意識，又非純粹無意
識。禪接著莊、玄，通過哲學宣講了種種最高境界或層次，其實
倒正是美學的普遍規律。在這裡，禪承續了道家。道家講「無法
而法，是為至法」。無法之法猶有法；禪則毫無定法，純粹是不可
傳授不可講求的個體感性的「一味妙悟」，正是「眾裡尋他千百
度，驀然回首，那人卻在燈火闌珊處」。「妙」、「悟」兩字早屢見
於六朝文獻，曾是當時玄學、佛家的常用詞彙，不但佛家支道林、
僧肇、宗炳講，而且阮籍、顧愷之、謝靈運等人也講，他們都在
追求通過某種特殊方式來啟發、領略、把握那超社會、時代、生
死、變易的最高本體或真理。這到禪，便發展到了極致。

我曾認為，禪的祕密之一在於「對時間的某種頓時的神祕的
領悟，即所謂『永恆在瞬刻』或『瞬刻即可永恆』這一直覺感
受」[3]。「在某種特定的條件、情況、境地下，你突然感覺到在這

1　《中國古代思想史論》第 6 章。

2　同上。

3　同上。

一瞬刻間似乎超越了一切時空、因果，過去、未來、現在似乎融在一起，不可分辨，也不去分辨，不再知道自己身心在何處（時空）和何所由來（因果）。……這當然也就超越了一切物我人己界限，與對象世界（例如與自然界）完全合為一體，凝成永恆的存在」[4]。「禪宗非常喜歡……與大自然打交道。它所追求的那種淡遠心境和瞬刻永恆，經常假借大自然來使人感受或領悟」[5]。「禪之所以多半在大自然的觀賞中來獲得對所謂宇宙目的性從而似乎是對神的了悟，也正在於自然界事物本身是無目的性的。花開水流，鳥飛葉落，它們本身都是無意識、無目的、無思慮、無計畫的。也就是說，是『無心』的。但就在這『無心』中，在這無目的性中，卻似乎可以窺見那個使這一切所以然的『大心』、大目的性──而這就是『神』。並且只有在這『無心』、無目的性中，才可能感受到它。一切有心、有目的、有意識、有計畫的事物、作為、思念，比起它來，就毫不足道，只妨礙它的展露。不是說經說得頑石也點頭，而是在未說之前，頑石即已點頭了。就是說，並不待人為，自然已是佛性。……在禪宗公案中，用以比喻、暗示、寓意的種種自然事物及其情感內蘊，就並非都是枯冷、衰頹、寂滅的東西，相反，經常倒是花開草長，鳶飛魚躍，活潑而富有生命的對象。它所訴諸人們感受的似乎是：你看那大自然！生命之樹常青啊，不要去干擾破壞它！」[6]

---

4 同上。

5 同上。

那麼，具體呈現在美學——藝術裡，禪是如何實現這種境界的呢？

既然追求和所達到的是「瞬刻永恆」，這個「永恆」又是那個常住不滅的本體佛性。在這裡，時間停止了。「佛性本清淨」，於是佛教總是要通過貶低、排斥、否定變動的、紛亂的、五光十色的現象世界，才能接近和達到它。為什麼要靜坐，為什麼破法執我執，都是為了去掉這種現象世界的運動不居的「假象」，去接近和達到那佛性本體。禪宗於此也無例外。但由於禪宗強調感性即超越，瞬刻可永恆，因之更著重就在這個動的普通現象中去領悟、去達到那永恆不動的靜的本體，從而飛躍地進入佛我同一、物己雙忘、宇宙與心靈融合一體的那異常奇妙、美麗、愉快、神祕的精神境界。這，也就是所謂「禪意」。但「禪客最忙，念念是道」，反而得不了「道」；而在大量的日常生活的偶然中，卻可以隨時啟悟而接觸「道」。這個通由「妙悟」得到的「道」，常常只能頃刻抓住，難以久存；所以，它並非僧人的生活或教義本身，毋寧更是某種高層次的心靈或人生境界。這也是有禪味的詩勝過許多禪詩的原因所在。它「非關書也」，「非關理也」，「一味妙悟而已」。「悟」是某種無意識的突然釋放和昇華。無意識在第三章已講過，這裡的重點是在其突然釋放和昇華，即頓悟，即「驀然回首，那人卻在燈火闌珊處」。它非常普通，非常平凡，非常自然，卻又因參透本體而那麼韻味深長，盎然禪意。王漁洋曾說王維的「輞川

---

6 同上。

絕句，字字入禪」。你看：

> 木末芙蓉花，山中發紅萼；澗戶寂無人，紛紛開且落。
> 人閒桂花落，夜靜春山空；月出驚山鳥，時鳴春澗中。
> 空山不見人，但聞人語響；返景入深林，復照青苔上。

　　一切都是動的，非常平凡，非常寫實，非常自然，但它所傳達出來的意味，卻是永恆的靜，本體的靜。在這裡，動乃靜，實卻虛，色即空。而且，也無所謂動靜、虛實、色空，本體是超越它們的。在本體中，它們都合為一體，而不可分割了。這便是在「動」中得到的「靜」，在實景中得到的虛境，在紛繁現象中獲得的本體，在瞬刻的直感領域中獲得的永恆。自然是多麼美啊，它似乎與人世毫不相干，花開花落，鳥鳴春澗，然而就在這對自然的片刻頓悟中，你卻感到了那不朽者的存在。日本有所謂從青蛙跳水聲中得禪悟，不也正是這種動中靜，在宇宙的不斷運轉流變中深悟本體的虛無麼？在一片寂靜中，撲通一聲，青蛙跳水，聲音是那樣的輕微清越，像輕風突然使水面起了小小的漪漣，它顯示著、證實著這世界的存在、生命的存在，然而這存在和生命又多麼寂寞、空無、淒清啊！於是它啟示你更感覺只有那超動靜的本體才是不朽的。運動著的時空景象都似乎只是為了呈現那不朽者——凝凍著的永恆。那不朽、那永恆似乎就在這自然風景之中，然而似乎又在這自然風景之外。它既凝凍在這變動不居的外在景象中，又超越了這外在景物，而成為某種奇妙感受、某種愉悅心

情、某種人生境界。蘇軾說王維的詩是「詩中有畫」，王維的畫是「畫中有詩」。前者正是這種凝凍，即所謂「凝神於景」、「心入於境」，心靈與自然合為一體，在自然中得到了停歇，心似乎消失了，只有大自然的紛爛美麗，景色如畫。後者則是這種超越，即所謂「超然心悟」、「象外之象」，紛繁流走的自然景色展示的，卻是永恆不朽的本體存在，即那充滿著情感又似乎沒有任何情感的本體的詩。而這，也就是「無心」、「無念」而與自然合一的「禪意」。如果剝去這「禪意」的宗教信仰因素，它實質上不正是非理知思辨非狂熱信仰的審美觀照，即我稱之為「悅神」層次[7]的美感愉快麼？它是感性的，並停留、徘徊在感性之中，然而同時卻又超越了感性。將來或許可以從心理學對它作出科學的分析說明；現在從哲學說，它便正是由於感性的超升和理性向感性的深沈積澱所造成的對人生哲理的直接感受。這是一種本體的感性。可見，禪的出現使中國人的心理結構獲得了另一次的豐富。這一豐富的特色即在，由於「妙悟」的參入，使內心的情理結構有了另一次的動盪和增添：非概念的理解——直覺式的智慧因素壓倒了想像、感知而與情感、意向緊相融合，構成它們的引導。

　　除動中靜外，禪的「妙悟」的另一常見形態是對人生、生活、機遇的偶然性的深沈點發。就在這偶然性的點發中，在這飄忽即逝不可再得中去發現、去領悟、去尋覓、去感嘆那人生的究竟和存在（生活、生命）的意義。

---

7 《李澤厚哲學美學文選・審美談》。

人生到處知何似，應似飛鴻踏雪泥。泥上偶然留指爪，鴻飛那復計東西……。(蘇軾詩)

……多情應笑我，早生華髮。人間如夢，一樽還酹江月。(蘇軾詞)

「人間如夢」，是早就有的感慨，但它在蘇軾這裡所取得的，卻是更深一層的對人生目的和宇宙存在的懷疑與嘆喟。它已不是去追求人的個體的長生、飛升(求仙)、不朽，而是去尋問這整個存在本身究竟是什麼？有什麼意義？有什麼目的？它要求超越的是這整個存在本身，超越這個人生、世界、宇宙……，從它們中脫身出來，以參透這個謎。所以，它已不僅是莊，而且是禪。不只是追求樹立某種倫理的(儒家)或超越的(道家)理想人格，而是尋求某種達到永恆本體的心靈道路。這條道路，是通由「妙悟」，並且也只有通由「妙悟」，才得到永恆。這正是禪的特色。這不又是一種全新的角度，不又是對儒、道、屈的華夏傳統的另一次豐富和展開麼？

那麼，禪與儒、道、屈到底有什麼同異呢？

與儒家的同異，似乎比較清楚。儒強調人際關係，重視靜中之動，強調動。如《易傳》的「生生不息」，「天行健」等等。從而，儒家以雄強剛健為美，它以氣勝。無論是孟子，是韓愈，不僅在文藝理論上，而且在藝術風格上，都充分體現這一點。即使是杜甫，沈鬱雄渾中的氣勢凜然，也仍然是其風格特色。像那著名的「前不見古人，後不見來者，念天地之悠悠，獨愴然而涕下」

（陳子昂），雖也涉及宇宙、歷史、人生和存在意義，但它仍然是儒家的襟懷和感傷，而不是禪或道。這種區分是比較明顯的。

與道（莊）的同異，比較難作清晰區分。「人們常把莊與禪密切聯繫起來，認為禪即莊。確乎兩者有許多相通，相似以至相同處，如破對待，空物我，泯主客，齊死生，反認知，重解悟，親自然，尋超脫等等，特別是藝術領域中，莊、禪更常常渾然一體，難以區分。

但二者又仍然有差別。……莊所樹立、誇揚的是某種理想人格，即能作『逍遙遊』的『至人』『真人』『神人』，禪所強調的卻是某種具有神祕經驗性質的心靈體驗。莊子實質上仍執著於生死，禪則以參透生死關自許，於生死真正無所住心。所以前者（莊）重生，也不認世界為虛幻，只認為不要為種種有限的具體現實事物所束縛，必須超越它們，因之要求把個體提到與宇宙並生的人格高度。它在審美表現上，經常以遼闊勝，以拙大勝。後者（禪）視世界、物我均虛幻，包括整個宇宙以及這種『真人』『至人』等理想人格也如同『乾屎橛』一樣，毫無價值。真實的存在只在於心靈的頓悟覺感中。它不重生，亦不輕生。世界的任何事物對它既有意義，也無意義，過而不留，都可以無所謂，所以根本不必去強求什麼超越，因為所謂超越本身也是荒謬的，無意義的。從而，它追求的便不是什麼理想人格，而只是某種澈悟心境。莊子那裡雖也有這種『無所謂』的人生態度，但禪由於有瞬刻永恆感作為『悟解』的基礎，便使這種人生態度、心靈境界、這種與宇宙合一的精神體驗，比莊子更深刻也更突出。在審美表現上，禪

以韻味勝,以精巧勝」[8]。

　　所以,「乘雲氣,騎日月,而遊於四海之外」(《莊子・齊物論》),便是道,而非禪。「空山無人,花開水流」(蘇軾)便是禪,而非道。因為後者儘管描寫的是色(自然),指向的卻是空(那虛無的本體);前者即使描寫的是空,指向的仍是實(人格的本體)。「行到水窮處,坐看雲起時」(王維),是禪而非道;儘管它似乎很接近道。「平疇交遠風,良苗亦懷新」;「采菊東籬下,悠然見南山」(陶潛),卻是道而非禪,儘管似乎也有禪意。如果用王維、蘇軾的詩和陶潛的詩進一步相比較,似乎便可看到這種差異。儘管陶詩在宋代特別為蘇軾捧出來,與王、蘇也確有近似,但如仔細品味分辨,則陶詩雖平淡卻闊大的人格氣韻與王、蘇的精巧聰明的心靈妙境,是仍有所不同的。這也正是道與禪的相似和相差處。從而就更不用說李白(道)與他們的差異了。陶、李均基本屬道,但一平寧靜遠,一高華飄逸。徐復觀曾以「主客合一」與「主客湊泊」來區別二者[9]。其實它們是莊的兩面。王、蘇也有大體類似的差異;王近於陶,蘇近於李。如以大體相近的客觀景物為例,「星垂平野闊,月湧大江流」(杜甫)、「山隨平野盡,江入大荒流」(李白)、「水流天地處,山色有無中」(王維),便也略可見出儒、道、禪的不同風味:儒的入世積極,道的灑脫闊大,禪的妙悟自得。胡應麟曾以李、杜這兩聯相比,認為杜「骨力過

8　《中國古代思想史論》第 6 章。

9　徐復觀:《中國文學論集》,第 125 頁。

之」。所謂「骨力過之」，可說是指杜更顯思想、人為和力量，如
「垂」、「湧」二字。李隨意描來，頗為自然。而王維一聯與它們
相比，便更淡遠。但李、王卻缺乏杜那種令人感發興起、剛毅厚
重的積極性格。熊秉明論書法藝術引劉熙載《藝概》認為，張旭
與懷素書法之差異，在於「張長史書悲喜雙用，懷素書悲喜雙
遣」，並以「筆觸細瘦」、「無重無輕」、「運筆迅速」、旋出旋滅等
特點以說明後者[10]。這其實也正是道（張旭）與禪（懷素）的不
同。陳振濂指出黃山谷書法的機鋒迅速，濃烈的見性成佛，「以縱
代斂，以散寓整，以攲帶平，以銳兼鈍……是儒雅的晉人和敦厚
的唐人所不屑為，也不敢為」[11]，並引笪重光語「涪翁精於禪悅，
發為筆墨，如散僧入聖，無裘馬輕肥氣」，用以指明禪的頓悟、透
徹、潑辣、鋒利等特色。可見，禪作為哲學——美學的特色已經
深深地滲到在各門文藝創作和欣賞趣味之中了。當然，上述所有
這些，都只具有非常相對的意義，千萬不可執著和拘泥，特別是
在文藝評論和審美品味上，劃一個非此即彼的概念分類是很愚蠢
的。前章已說，陶（潛）李（白）是身合儒、道；在這裡，王維、
蘇軾，便可說是身屬儒家而心兼禪、道。儒、道、禪在這裡已難
截然劃開了。

　　與屈相比，禪更淡泊寧靜。屈那種強烈執著的情感操守，那
種火一般的愛憎態度，那對生死的執著選擇，在禪中，是早已看

---

10 熊秉明：《中國書法理論體系》，商務印書館，香港，1984 年。
11 《文史知識》1985 年第 12 期。

不見了。存留著屈騷傳統的玄學時代的士大夫和文藝家們的縱情傷感，那種「木猶如此，人何以堪」，對生的眷戀和死的恐懼，在這裡也完全消失了。無論是政治鬥爭的激情怨憤，或者是人生感傷的情懷意緒，在禪悅裡都被沈埋起來：既然要超脫塵世，又怎能容許感傷氾濫、激情滿懷呢？

　　然而，如果文藝真正沒有情感，又如何能成其為文藝？所以，有人說得好，「禪而無禪便是詩，詩而無詩禪儼然」[12]，「以禪作詩，即落道理，不獨非詩，並非禪矣」[13]。這也就是我說的，「好些禪詩偈頌由於著意要用某種類比來表達意蘊，常常陷入概念化，實際就變成了論理詩、宣講詩、說教詩，……具有禪味的詩實際上比許多禪詩更真正接近於禪。……由於它們通過審美形式把某種寧靜淡遠的情感、意緒、心境引向去融合、觸及或領悟宇宙目的、時間意義、永恆之謎……」[14]所以，很有意思的是，以禪喻詩的嚴羽，一開頭便教人「先須熟讀《楚辭》，朝夕諷詠以為本」[15]，接著就舉〈古詩十九首〉。《楚辭》不正是以情勝麼？〈古詩十九首〉的特色不也在充滿深情麼？可見，在文藝的領域，禪仍然承繼了莊、屈，承繼了莊的格，屈的情。莊對大自然盎然生

---

12 明普荷詩，《雲南叢書・滇詩拾遺》卷5，轉引自杜松柏《禪學與唐宋詩學》，黎明文化事業公司，臺北，1978年，第369頁。下句解說與杜說不同。借用原詩，予以新解而已。

13 賀貽孫語，轉引自《中國美學史資料選編》下冊，第298頁。

14 《中國古代思想史論》第6章。

15 《滄浪詩話》。

命的頂禮崇拜，屈對生死情操的執著探尋，都被承繼下來。只是在這裡，禪又加上了自己的「悟」（瞬刻永恆感），三者揉合融化在一起，使「格」與「情」成了對神祕的永恆本體的追求指向，在各種動盪運動中來達到那本體的靜，從而「格」與「情」變得似乎更飄渺、聰明、平和而淡泊，變成了一種耐人長久咀嚼的「韻味」。這就是說，當把理想人格和熾烈情感放在人生之謎、宇宙目的這樣的智慧之光的照耀下，它們本身雖融化，又並不消失，而且以所謂「沖淡」的「有意味的形式」呈現在這裡了。這個「智慧之光」，便不復是魏晉貴族們那種辯才無礙的雅致高談、玄心洞見，也不再是那風流灑脫的姿容狀貌、傷感情懷，在那裡，智慧與深情仍有某種勉力造作的痕跡，這裡卻完全在瞬間的妙悟中，融成一體了。

所以，充滿禪意的作品，即以上述的王維、蘇軾的詩來說，比起莊、屈來，便更具有一種充滿機巧的智慧美。它們以似乎頓時參悟某種奧祕，而啟迪人心，並且是在普通人和普通的景物、境遇的直感中，為非常一般的風花雪月所提供、所啟悟。之所以一再說是「妙悟」，乃因為它既非視聽言語所得，又不在視聽言語之外；風景（包括文藝中的風景）不仍然需要視、聽、想像去感知去接受，詩文不也是需要語言或言語去表現去傳達的嗎？但感知、接受、表現、傳達的，又決不只是風景和言語（意義）而已。「紛紛開且落」，是在有限時間中的，卻啟悟你指向超時間的永恆；「鴻飛那復計東西」，是在有限空間中的，然而卻啟悟你指向那超越的存在。

古今如夢，何曾夢覺？但有舊歡新怨。異日對南樓夜景，為
余浩嘆。（蘇軾詞）

世路無窮，勞生有限，似此區區長鮮歡。微吟罷，憑征鞍無
語，往事千端……（蘇軾詞）

人似乎永遠陷溺在這無休止的、可憐可嘆的生命的盲目運轉
中而無法超拔，有什麼辦法呢？人事實上脫不了這個「輪迴」之
苦。生活儘管無聊，人還得生活，又還得有一大批「舊歡新怨」，
這就是感性現實的人生。但人卻總希望能夠超越這一切。從而，
如我前面所說，蘇軾所感嘆的「人間如夢」、「人生若旅」，便已不
同於魏晉或〈古詩十九首〉中那種人生短暫、盛年不再的悲哀了，
這不是個人的生命長短問題，而是整個人生意義問題。從而，這
裡的情感不是激昂、熱烈的，而毋寧是理智而醒悟、平靜而深刻
的。現代日本畫家東山魁夷的著名散文〈一片樹葉〉中說：「無論
何時，偶遇美景只會有一次，……如果櫻花常開，我們的生命常
在，那麼兩相邂逅就不會動人情懷了。花用自己的凋落閃現出的
生的光輝，花是美的，人類在心靈的深處珍惜自己的生命，也熱
愛自己的生命。人和花的生存，在世界上都是短暫的，可他們萍
水相逢了，不知不覺中我們會感到一種欣喜。」[16] 但這種欣喜又
是充滿了惆悵和惋惜的。「日午畫舫橋下過，衣香人影太匆匆」。
這本無關禪意，但人生偶遇，轉瞬即逝，同樣多麼令人惆悵。這

---

16 見《散文》雜誌，百花文藝出版社，天津，1985年，第 10 期。

可以是屈加禪，但更傾向於禪。這種惆悵的偶然，在今日的日常生活中不還大量存在麼？路遇一位漂亮姑娘，連招呼的機會也沒有，便永遠隨人流而去。這比起「茜紗窗下，我本無緣；黃土壟中，卿何薄命」，應該說是更加孤獨和淒涼。所以寶玉不必去勉強參禪，生命本身就是這樣。生活、人生、機緣、際遇，本都是這樣無情、短促、偶然和有限，或稍縱即逝，或失之交臂；當人回顧時，卻已成為永遠的遺憾……。不正是從這裡，使人更深刻地感受永恆本體之謎麼？它給你的啟悟不正是人生的目的（無目的）、存在的意義（無意義）麼？它可以引起的，不正是惆悵、惋惜、思索和無可奈何麼？

人沈淪在日常生活中，奔走忙碌於衣食住行、名位利祿，早已把這一切丟失遺忘，已經失去那敏銳的感受能力，很難得去發現和領略這無目的性的永恆本體了。也許，只在吟詩、讀畫、聽音樂的片刻中；也許，只在觀賞大自然的俄頃中，能獲得「驀然回首，那人卻在燈火闌珊處」的妙悟境界？

中國傳統的心理本體隨著禪的加入而更深沈了。禪使儒、道、屈的人際——生命——情感更加哲理化了。既然「人生不相見，動如參與商；今夕復何夕，共此燈燭光」（杜甫詩），那麼，就請珍惜這片刻的歡娛吧，珍惜這短暫卻可永恆的人間情愛吧！如果說，西方因基督教的背景使雖無目的卻仍有目的性，即它指向和歸依於人格神的上帝；那麼，在這裡，無目的性自身便似乎即是目的，即它只在豐富這人類心理的情感本體，也就是說，心理情感本體即是目的。它就是那最後的實在。

這，不正是把人性自覺的儒家仁學傳統的高一級的形而上學化麼？它不用宇宙論，不必「天人同構」，甚至也不必「逍遙遊」，就在這「驀然回首」中接近本體而永恆不朽了。

永恆是無時間的存在，它曾經是 Parmenides 的不動的一，是《易經》的流變，是莊周的「至人」，在這裡，卻只是如此平凡卻又如此神妙的「驀然回首」。禪宗通過棒喝、機鋒、公案，以「反常合道」的方式，來指點、啟發而不是言說、傳授這個超時間的形上本體。

但任何自然和人事又都有時間的存在，所謂無時間、超時間或宇宙（時空）之前、之外，都只有詩和哲學的意義。這裡也是如此。禪正是詩的哲學或哲學的詩，它不關涉真正的自然、人世，而只建設心理的主體。

這就是禪在美學中的意義。

 「脫有形似，握手已違」：韻味與沖淡

既然所追求的不是氣勢磅礴（儒）或逍遙九天（莊）的雄偉人格，也不是淒楚執著或怨憤呼號的熾烈情感（屈），而是某種精靈透妙的心境意緒，於是境界、韻味，便日益成了後期古代中國

美學的重要範疇和特色。這也是通過禪的產生而實現的。

人生態度經歷了禪悟變成了自然景色，自然景色所指向的是心靈的境界，這是「自然的人化」（儒）和「人的自然化」（莊）的進一步展開，它已不是人際（儒），不是人格（莊），不是情感（屈），而只是心境。像司空圖漂亮地描寫的那些「詩品」，便是這樣：

月出東斗，好風相從；太華夜碧，人聞清鐘。（高古）
白雲初晴，幽鳥相逐……，落花無言，人淡如菊。（典雅）
俯拾即是，不取諸鄰；與道俱往，著手成春。（自然）

這是批評的詩，是描繪詩境的詩，也是描繪人生──心靈境界的詩，是充滿了禪機妙悟的詩。這是審美意境，同時也是人生境界，更是心靈妙悟。而它們所展現、所留下的，即是那悠長的韻味。

無怪乎《滄浪詩話》作為後期中國美學的標準典籍，其最著名的便是「鏡花水月」的理論了：

……羚羊掛角，無跡可求，故其妙處，透徹玲瓏，不可湊泊。如空中之音，相中之色，水中之月，鏡中之像，言有盡而意無窮……

「鏡花水月」是空幻，卻空幻得那麼美，那麼富有境界和韻

味，使人難忘。它是美的空幻和空幻的美。空幻成為美，說明它不訴諸認識，更不訴諸倫理，而只是一種對本體的妙悟感受。這空幻又不是思辨的虛無，而仍然具有活潑的生命，儘管是「鏡中花」「水中月」，卻畢竟仍有「花」、有「月」。「鏡花水月」作為文藝創作的一般規律（無意識、形象大於思想、形象思維等等），已有許多文章講過了；關於它與禪的關係，也有好些人說了，如：

> 從這點講，王士禎神韻之說最合滄浪意旨。王氏謂：「滄浪以禪喻詩，余深契其說，而五言尤為近之。如王維輞川絕句，字字入禪。他如『雨中山梁落，燈下草蟲鳴』，『明月松間照，清泉石上流』，以及太白『卻下水精簾，玲瓏望秋月』，常建『松際露微月，清光猶為君』，浩然『樵子暗相失，草蟲不可聞』，劉脊虛『時有落花至，遠隨流水香』，妙諦微言，與世尊拈花，迦葉微笑，等無差別，通其解，可語上乘。」（《帶經堂詩話》卷 3），這就把禪與悟混合著講。悟中帶禪，則似隱如顯，不可湊泊；禪中有悟，則不即不離，無跡可求。[17]

但是，嚴滄浪、王漁洋所追求的詩的這種理想以及所謂「妙悟」和「鏡花水月」的禪境詩意，其審美特點究竟何在，卻始終講得並不明確。其實，簡單說來，它的特點就在一個字：淡。

淡，或沖淡，或淡遠，是後期中國詩畫等各文藝領域所經常

---

17 郭紹虞：《滄浪詩話校釋》，人民文學出版社，北京，1960 年，第 20 頁。

追求的最高藝術境界和審美理想，《美的歷程》曾指出：「正如司空圖《詩品》中雖首列『雄渾』，其客觀趨向卻更傾心於『沖淡』『含蓄』之類一樣，⋯⋯是當時整個時代的文藝思潮的反映。⋯⋯《畫論》中把『逸品』置於『神品』之上，大捧陶潛，理論上的講神、趣、韻、味代替道、氣、理、法，無不體現出這一點。」

梅聖俞詩：「作詩無古今，唯造平淡難。」[18] 蘇東坡說：「大凡為文，當使氣象崢嶸，五色絢爛；漸老漸熟，乃造平淡」[19]。甚至理學大家朱熹在審美趣味上也如此，他說：「晉宋間詩多閑淡，杜工部等詩常忙了」[20]。司空圖《詩品》雖然把「神出古異，淡不可收」只放在「清奇」品中，把「遠引若至，臨之已非」只放在「超詣」品中，其實，在其他品中也大都有著「鏡花水月」的先聲，如「情性所至，妙不自尋，遇之自天，泠然希音」[21]「遇之匪深，即之愈希；脫有形似，握手已違」[22]等等，不也就是「鏡花水月」：看得見，摸不著麼？而它們，不就正是組成「沖淡」風格的具體形象特徵麼？這裡的「淡」，既是無味，卻又極其有味，即所謂「無味之味，是為至味」。有意思的是，這個充滿禪意的審美標準卻又是早已有之的傳統說法。連後漢劉邵《人物志》在品評人物時也曾認為，「凡人質量，中和最貴矣。中和之質，必平淡

---

18 《梅堯臣集編年校注》下冊，上海古籍出版社，1980 年，第 845 頁。

19 《中國美學史資料選編》下冊，第 34 頁。

20 《朱子語類》卷 140。

21 司空圖：《詩品·實境》。

22 司空圖：《詩品·沖淡》。

無味，故能調成五材，變化應節」[23]。這是講政治的。從哲學講，魏晉玄學以「無」為本，更是人所熟知。無論政治、哲學或美學，所謂「以無味和五味」，是同一原理，它本由儒家「中和」、「中庸」傳衍而來，但只有到禪宗，才把它提到空前的本體高度，強調它乃人生——藝術的最高境界，從而才可能在感性世界中造成韻味無窮的審美效果。A. H. Maslow 曾認為，在某種高峰體驗 (Peak Experience) 中，人與世界相同一而無特定的情感。禪所追求的正是這種「無特定情感」的最高體驗，亦即「淡」的韻味。

自此之後，所謂「韻」或「韻味」便壓倒了以前「氣勢」、「風骨」、「道」、「神」、「格」……，成為更突出的美學範疇。王漁洋的「神韻說」，便是它的最後成果。這裡的「韻」也不再是魏晉時代的「氣韻」、「神韻」，而是脫開了那種種剛健、高超、灑脫、優雅，成為一種平平常常、不離世俗卻又有空幻深意的韻味，這也就是沖淡。沖淡的韻味，正是通過這「鏡花水月」式的空幻的美的許多具體形態，展現在藝術中的。它們大都是：有選擇地描繪非常一般的自然景色來托出人生——心靈境界的虛無空幻，而使人玩味無窮，深深感慨。它的特色是如前面所說的動中靜，實中虛，有中無，色中空。只有這樣，才能有禪意和沖淡。

僧家竟何事，掃地與焚香。清馨度山翠，閒雲來竹房。身心塵外遠，歲月坐中忘。向晚禪房掩，無人空夕陽。(唐·崔侗詩)[24]

---

23 劉邵：《人物志·九徵第一》。

　　這是一幅異常普通而相當寫實的寺院和尚的生活圖畫。但通過結尾兩句所透露出來的，卻是某種淡遠而恆久的韻味。「無人空夕陽」，多麼孤獨、寧靜、惆悵和無可言說。一切都沒有了，只有淡淡的夕陽光在照著。難道這就是「在」麼？中國後期詩畫中，常常講「無意為佳」，它不僅是指創作中的無意識狀態和無意識規律（見第三章），而且也是指這種擺脫了一切思考、意向、情感、心緒的審美境界。它不也就是這個禪意的世界麼？它真正領悟了那本體真如了嗎？它就是那永恆之謎嗎？不知道。但詩人藝術家們總是要去追求它的蹤跡。「亭下不逢人，夕陽淡秋影」，是倪雲林的詩情，也是他的畫境，這裡即是「沖淡」：在極其普通、簡單的蕭瑟秋景中，你似乎可以去接近、去「妙悟」那永恆的本體。但若要真正去把握領會它時，它卻不見蹤跡，「握手已違」了。這就是為什麼倪雲林的畫所描寫的對象總是最普通的茅亭竹樹，卻與前述王維、蘇軾的詩一樣，具有非常感人的藝術效果。

　　倪雲林的地位在後世越來越高。與詩文中以「淡」為特色和標準一樣，在山水畫中也是愈來愈以「平遠者沖淡」，「險危易好平遠難」為最高標準了。「高遠」、「深遠」的多重層次的巨幅山水向這種或寒林蕭瑟或曠蕩迷冥的「平遠」轉移。從而「以白當黑」，「小中見大」，「無畫處皆成妙處」，以及講究水墨韻味、乾筆勾勒等等，便成為中國後期繪畫理論中不斷湧現而終於成為常規的普遍法則。它們實際上都與此有關。

---

24 《唐詩別裁》卷 11。

柳宗元有首著名的詩:「漁翁夜傍西岩宿,曉汲清湘燃楚竹,煙消日出不見人,欸乃一聲山水綠。回看天際下中流,岩上無心雲相逐。」蘇軾說:「熟味此詩有奇趣,其末兩句雖不必,亦可也」[25]。

到底最後兩句要好呢,還是不要好?哪樣味道更足呢?

從截然斬絕的禪機鋒利說,從「濃烈的見性成佛」的頓悟棒喝說,似乎以不要為好。去掉後兩句,意在言外,截然煞住,符合禪境。蘇軾也許就是從這角度看的。但是,如果從上述最高境地的「淡」的韻味說,則似仍以不刪為佳。因為柳的末兩句遠非蛇足,「回看天際下中流,岩上無心雲相逐」,有這兩句更加韻味悠悠,盎然不盡,真個是「心滅境無侵」,它直指那個「無心」的本體世界。它更加沖淡、平遠和意味無窮。柳宗元不是不會作「禪機激烈」的詩文,像同樣著名的「千山鳥飛絕,萬徑人蹤滅,孤舟簑笠翁,獨釣寒江雪」,便是「人境俱奪」,說得斬絕的。

又一則評論說:「余觀東坡和梵天僧守詮小僧,所謂『但聞煙外鐘,不見煙中寺。幽人行未已,草露濕芒屨。惟應山頭月,夜夜照來去』。未嘗不喜其清絕過人遠甚。晚遊錢塘,始得詮詩云『落日寒蟬鳴,獨歸林下寺,柴扉夜未掩,片月隨行屨,惟聞犬吠聲,更入青蘿去。』乃知其幽深清遠,自有林下一種風流,東坡老人雖欲回三峽倒流之瀾,與溪壑爭流,終不近也」[26]。這個

---

25 宋釋惠洪:《冷齋夜話》引。

26 《竹坡詩話》。

故事幾乎與刪柳詩同一機杼，即原（惠詮）詩更從容不迫，隨遇
而安，東坡卻過於人為，執意追求，未必自然，反失禪意了。這
是否說明這位坡老仍然更多地保留著儒學精神，雖參禪卻「悟而
未悟」呢？但恰恰是這個「悟而未悟」的東坡真正代表著吸收了
佛學、禪意後的華夏美學。

 **（三）「起舞弄清影，何似在人間」：回到
儒道**

　　曾國藩曾以「太陽」、「少陽」、「太陰」、「少陰」來作為古文
的四象分類。如果借用到這裡，姑妄言之，則似乎可說，儒以剛
健為美，其中含柔，屬「太陽」；道則以柔為體，其中有剛，屬
「太陰」；屈乃柔中之剛，屬「少陽」；禪則貌剛實柔，屬「少
陰」。這個「少陰」與儒家雄健剛強的美學傳統，的確已拉開了距
離。禪本來已經是華夏民族的文化心理結構對印度佛學的改造和
創作，但出家做和尚，即使是禪宗，也仍然不是華人所特別喜愛
的事情；反映到意識文化領域，亦然。所以，如前所指出，儒道
兩家的重生命、重人際的精神，又不斷以這種那種方式和形態重
新滲入禪意追求的文藝裡。正是：「嫦娥應悔偷靈藥，碧海蒼天夜
夜心」，還是回到人間，回到肯定而不是否定生命中來吧。即使如

淡遠之至的倪雲林，不也仍有「蘭生幽谷中，倒影還自照，無人作妍暖，春風發微笑」的生意盎然的詩句麼？

如第三章所已指出，從一開頭，像最早的畫論作者之一的和尚宗炳，在講了「聖人（佛）含道映物」之後，緊接著便談「眷戀廬衡，契闊荊巫」等等，即依戀、懷想山水，才有山水畫的創作要求。足見，宗炳作為佛家，儘管在哲學理論上大講「澄懷味象」，「山水以形媚道」，但實際的心靈重點，卻在遊於山水之中的精神快樂。這裡，佛家的「聖」「賢」便與儒學和莊子的聖人有接近或相通之處了。他不再只是兀兀枯坐，光求戒、定、慧，而還要遊山玩水，「稱仁智之樂焉」；儘管講的還是「應會感神，神超理得」，似乎仍在求佛「理」，但實際上卻是「余復何為哉？暢神而已」。[27] 而所謂「暢神」，實質上便是一種審美愉快。可見，從一開始，莊子道家甚至孔門儒學在審美領域（玩賞自然風景和山水繪畫）早就滲入了先於禪宗的佛門。

從詩看，也如此。有人指出，司空圖「詩品以雄渾居首，以流動終篇，其有窺於天地之道矣」。[28] 雖然很難同意說司空圖《詩品》已是經過嚴整組織的理論系統，但這裡所說以「雄渾」始以「流動」終，倒似乎可以說明它的開篇與歸宿是展示了同一特色的：這就是，即使具有禪的特色的詩歌理論，卻仍然把「沖淡」擺在第二，而以儒、道（又特別是儒）作為自覺的起始和歸宿。

---

27 宗炳：〈畫山水序〉。

28 孫聯奎：《詩品臆說》。

它所「窺於天地之道」的，並非禪，而仍然是儒、道。這正像嚴羽儘管自覺地以禪講詩，卻仍以李、杜為正宗；蘇軾儘管參禪，卻仍然既曠放豁達（道），更憂國憂時（儒）一樣。所以由禪而返歸儒、道，又正是中國文化和文藝中的禪的基本特色所在。而這，也大概是中國禪與日本禪的差異所在吧。日本的意識形態和文藝中的禪，倒更是地道的。它那對剎那間感受的捕捉，它那對空寂的追求，它那感傷、淒愴、悲涼、孤獨的境地，它那輕生喜滅、以死為美，它那精巧園林，那重奇非偶……，總之，它那所謂「物之哀」，都更突出了禪的本質特徵。中國傳統的禪意卻不然，它主要突出的是一種直覺智慧，並最終仍然將此智慧溶化和歸依到肯定生命（道）或人生（儒）中去。如果從這個角度再對比一下禪與儒、道、屈，則禪強調「境由心設」，於是去建境啟悟（如日本園林），道則強調自然，於是不去人為造境，而純任自然，這樣反而如長江大河，氣勢更為渾一、流動而博大，儘管可能不是那樣的精巧、微妙和空靈。禪強調一切空幻、短暫，人生如流浪在外，不知來去何從，從而高揚寂滅；儒、屈則均重人際情感，執著於家園親友，留連於別情恨賦，具有厚重的人情味和親密感。禪強調轉瞬即逝，不可重複，非言語所能道破，所以完全不要法度，只求頓悟。儒、道、屈均不然，或重法度，或講究無法之法。總之，傳統士大夫文藝中的禪意由於與儒、道、屈的緊密交會，已經不是那麼非常純粹了，它總是空幻中仍水天明媚，寂滅下卻生機宛如。具有禪意美的中國文藝，一方面既藉自然景色來展現境界的形上超越，另方面這形上境界的展現又仍然把人引向對現實

生活的關懷。這便進一步擴展和豐富了心靈，使人們的情感、理解、想像、感知以及意向、觀念得到一種新的組合和變化。

　　一個關於蘇軾的故事說：「東坡老人在昌化，嘗負大瓢行歌田畝者……饁婦年七十，云：『內翰昔日富貴，一場春夢耳。』坡然之。」[29]蘇軾似很欣賞和滿意於這種評論，在自己的詩作中把這個實際表達了他的看法（人生空幻）的「老嫗」叫作「春夢婆」。袁枚曾說東坡少情，大概也是指他由於對人生的徹悟，才沒有如屈原那樣執著的熱情吧？但就是這個已經看透一切的蘇軾，也仍然唱著：「誰道人生無再少，門前流水尚能西！休將白髮唱黃雞」；「酒酣胸膽尚開張，鬢微霜，又何妨」；「休對故人思故國，且將新火試新茶，詩酒趁年華」……，仍在強打精神，樂觀奮鬥。它是向儒、道的回歸，而這一回歸卻又更加托出了人生無意義的悲涼禪意。這種無意義反轉來給「人還是要活的」以一種並非消極的參悟作用，使人的心理積澱更豐富而深沈了。

　　禪宗祖師慧能本來自民間，其僧徒也多下層百姓，但經上層士大夫接受後，宗教性的成佛祈求日漸化為這種審美性的人生參悟。這種從宗教向審美的轉換，正是儒、道傳統滲入而產生的結果，也表明由禪向儒學的復歸。所以《美的歷程》要以蘇軾作為代表來表明這點：

---

29 《侯鯖錄》，轉引自《蘇東坡軼事彙編》，岳麓書社，長沙，1981年，第217頁。

　　這種整個人生空漠之感，這種對整個存在、宇宙、人生、社會的懷疑、厭倦、無所希冀、無所寄托的深沈喟嘆，儘管不是那麼非常自覺，卻是蘇軾最早在文藝領域中把它透露出來的。……也許，只有在佛學禪宗中，勉強尋得一些安慰和解脫吧。正是這種對整體人生的空幻、悔悟、淡漠感，求超脫而未能，欲排遣反戲謔，使蘇軾奉儒家而出入佛老，談世事而頗作玄思；於是，行雲流水，初無定質，嬉笑怒罵，皆成文章；這裡沒有屈原、阮籍的憂憤，沒有李白、杜甫的豪誠，不似白居易的明朗，不似柳宗元的孤峭，當然更不像韓愈那樣盛氣凌人，不可一世。蘇軾在美學上追求的是一種樸質無華、平淡自然的情趣韻味，一種退避社會、厭棄世間的人生理想和生活態度，反對矯揉造作和裝飾雕琢，並把這一切提到某種透徹了悟的哲理高度。

　　如前所說，這哲理不是佛理的思辨，更不是莊周的雄文宏論、重言卮言，而只是某種心靈境地和生活韻味。蘇軾不是佛門弟士，也非漆園門徒，他的生活道路、現實態度和人生理想，仍然是標準的儒家。他的代表性正在於，吸收道、禪而不失為儒，在儒的基礎上來參禪悟道，講妙談玄。也可能正因為此，蘇軾儘管為極少數恪守正統教義的儒家理學家所不滿，但始終是當時和後世廣大知識分子所喜愛、所欣賞、所崇拜的天才人物。他的人格、風格使人感到親切自然，易於接受，他比其他任何人似乎更能從審美上體現出儒家所標榜的「極高明而道中庸」的最高準則。所以，與其說是宋明那些大理學家、哲學家，還不如說是蘇軾，更能代

表宋元以來的已吸取了佛學禪宗的華夏美學。無論在文藝創作中或人生態度上，無論是對後世的影響上或是在美學地位上，似都如此。

如所周知，宋明那些儒門哲學大家在理論上對文藝一般都採取擯斥的態度，像程頤：

問作文害道否？曰害也。……或問詩可學否？曰既學詩，時須是用功，甚妨事……如今言能詩無如杜甫，如云「穿花蛺蝶深深見，點水蜻蜓款款飛」，如此閑言語，道出做什？[30]

像朱熹：

道者，文之根本；文者，道之枝葉，[31] 才要作文章，便是枝葉，害著學問，反兩失也，[32]……作詩費功夫，要何用？……今言詩不必作，且道恐分了為學功夫；然到極處，當自知作詩果無益。[33]

這類的語錄是非常之多的。總之，「道」是根本，「詩」「文」

---

30 《二程全書‧遺書》卷19。

31 《朱子語類》卷139。

32 同上。

33 同上書，卷140。

是枝葉，如果「溺於文章」，就要有害於「道」。他們確乎繼承又
極端發展了自「禮樂傳統」到儒家詩教的重質輕文、重倫常政治
輕審美愉悅的正統準則和批評尺度。但是他們也確乎是片面地發
展了。在這個方面，關於宋明理學家們是沒有多少可以講述的，
他們完全忽視或有意無視審美本身的邏輯、規律及其重要意義。
像朱熹這樣眼光銳利、趣味高超的哲學家，儘管在文藝鑒賞和審
美口味上並不保守，如他對《楚辭》等等的研究評論便很有見地，
但這一切在他們哲學理論中並無地位，與他們的哲學體系缺乏有
機聯繫。至於理學家們自己的文藝創作，因為只注意在詩中說道，
所以也實在不敢恭維。有意思的是，當代學者錢穆卻一反定論，
這樣稱道說：

> 中國人中最講究人生藝術的要推北宋的邵康節（邵雍）……
> 亦不要做一聖人、做一賢人，亦不講什麼道德，你只要活得安樂，
> 做一安樂人。這是道家言。但這裡面有一番大藝術，我有一本《理
> 學六家詩鈔》。所鈔的第一家就是邵康節，第二章是朱夫子，下邊
> 是陳白沙、王陽明、高景逸、陸桴亭，他們都是有名的理學家，
> 換句話說，都是道學先生。諸位倘有意去讀他們的詩，他們的詩
> 中，都在講人生，每一首詩，你讀來，都會覺得情味無窮。所以
> 我要講中國人講道德和藝術是一而二、二而一的。[34]

---

34 錢穆：《從中國歷史來看中國民族性及中國文化》，聯經出版事業公司，
臺北，1979 年，第 114～115 頁。

　　對此，我是懷疑的。我不欣賞也不相信這些道學先生們的詩有這麼好。儘管錢穆《理學六家詩鈔》中也確有好詩，但許多詩因為要說教，違反了審美基本規律，便變得論理過多，索然寡味，並不使人「覺得情味無窮」。到底哪種意見哪種感覺對，讀者們可以通過親自讀這些詩，以及用這些詩與那些著名的詩人們的作品相比較，來感受和評判。

　　那為什麼在這裡要引用錢穆這段話呢？主要在於我非常同意其開頭的半句和最後的一句。我認為，宋明理學繼禪宗之後豐富了中國傳統哲學，這豐富確乎表現在合道德與藝術於一體的人生境界的提出上，即錢所說的「人生藝術」，亦即合道德與藝術於一體的「一而二，二而一」的人生境界。朱熹說，「不必托於言語，著於簡冊，而後謂之文，但自一身，接於萬事，凡其語默動靜，人所可得而見者，無所適而非文也。」[35] 這就是說，「文」不只是文章詩賦，而是整個人格、整個人生和生活。一切「人可得而見」的「語默動靜」，都是文章，都關乎「道」、「理」。亦是說，「文」不只是文藝，而更是人生的藝術，即審美的生活態度、人生境界和韻味。

　　馮友蘭曾說，禪宗下一轉語即到理學[36]。既然「砍柴擔水，莫非妙道」，那麼，在倫常日用之中，就更可以悟道和得道了。這也就是我在《中國古代思想史論》中所講的，宋明理學吸取和改

---

35 《朱子大全・文集》卷70。

36 參看馮友蘭《新原道》。

造了佛學和禪宗，從心性論的道德追求上，把宗教變為審美，亦即把審美的人生態度（即錢穆上述的「人生藝術」）提昇到形上的超越高度，從而使人生境界上升到超倫理超道德的準宗教性的水平，並因之而能替代宗教。從這個意義上說，宋明理學卻又正是傳統美學的發展者，這發展不表現在文藝的理論、批評和創作中，而表現在心性思索所建造的形上本體上。這個本體不是神，也不是道德，而是「天地境界」，即審美的人生境界。它是儒家「仁學」經過道、屈、禪而發展了的新形態。

　　拙著《中國古代思想史論》說：「在宋明理學中，感性的自然界與理性倫常的本體界不但沒有分割，反而彼此滲透，吻合一致了。『天』和『人』在這裡都不只具有理性的一面，而且具有情感的一面。程門高足謝良佐用『桃仁』『杏仁』（果核喻生長意）來解釋『仁』，周敦頤庭前草不除以見天意，被理學家傳為佳話。『萬物靜觀皆自得，四時佳興與人同』；『等閑識得春風面，萬紫千紅總是春，……』是理學家們的著名詩句。這些都是希求在自然世界的生意、春意中顯示、體會、比擬人世的倫常法規，這也就是宋明理學的一個重大特徵，同時這又是吸取了莊子、禪宗的某種成果。所以儘管理學家都聲稱尊奉孔孟，但實際上他們既賦予孔子『吾與點也』以新的形上解釋，也超出了孟子的道德人格的主體性，而將它哲學地『聖』化了。宋明理學家經常愛講『孔顏樂處』，把它看作人生最高境界，其實也就是指這種不怕艱苦而充滿生意、屬倫理又超倫理、準審美又超審美的目的論的精神境界。康德的目的論是『自然向人生成』，在某種意義上仍可說是客

觀目的論，主觀合目的性只是審美世界；宋明理學則以這種『天
人合一』『萬物同體』的主觀目的論來標誌人所能達到超倫理的本
體境界，這被看作是人的最高存在。這個本體境界，在外表形式
上，確乎與物我兩忘而非功利的審美快樂和美學心境是相似和接
近的。」[37]

　　因此，宋明理學所追求和建構的這個哲學，便不只是道德的
形而上學，更不只是幾個道德規範。由於「它的動力既然不能像
神學家那樣歸之於上帝，那就只能靠人性的培育。這種能超越生
死的道德境界的培育，既不依賴於『對上帝的貢獻』或『與神會
通』以獲得靈魂的超升和迷狂的歡樂，那麼就只有在通由與全人
類全宇宙的歸屬依存的某種目的感（天人合一）中吸取和儲備力
量。『民吾同胞，物吾與焉』，『仁即天心』，在這種似乎是平凡淡
泊的『存吾順事，歿吾寧也』中，無適無莫，寧靜致遠；必要時
就視死如歸，從容就義，甚至不需要悲歌慷慨，不需要神寵狂歡。
中國傳統是通過審美代替宗教，以建立這種人生最高境界的。正
是這個潛在的超道德的審美本體境界，儲備了能跨越生死、不計
利害的自由選擇和道德實現的可能性，這就叫『以美儲善』。」[38]
「慷慨成仁易，從容就義難，如果說前者是懷有某種激情的宗教
式的殉難，固然也極不易；那麼後者那種審美式的視死如歸，按
中國標準，就是更高一層的境界了。『存吾順事，歿吾寧也』與追

---

37 《中國古代思想史論》第 7 章。
38 《李澤厚哲學美學文選》，第 176 頁。

求靈魂不滅 （精神永恆） 不同 ， 這種境界是審美的而非宗教的。」[39]

這也可說是在吸取了莊、屈、禪之後的儒家哲學和華夏美學的最高峰了。

這裡，願引用臺灣張亨教授的一段結論，它與拙意大體不約而同，強調指出了宋明理學家的道德境界即是審美境界。只是我以為作為「與天地上下同流」的審美境界高於道德境界，而張文與錢穆以及現代新儒家相近，著重美善相融、審美與道德的合一。此外，張文認為這是原始儒學（孔孟）本有的人生理想，我卻認為，孔孟不過發其端緒（如前論述過的「風沂雨雩」），真正發掘其深遠的形上意味，成為日常生活經驗中的高明氣象或「天理」、「道體」，卻是由宋明理學吸收禪宗之後的解釋學產物。

張文如下：

美和善交融的境界不只存在於音樂或其他藝術的審美經驗中，同時也是一種理想的人生境界。《論語·先進篇》孔子問弟子之志，曾點回答說：「暮春者，春服既成，冠者五六人，童子六七人，浴乎沂，風乎舞雩，詠而歸」。這一陳述雖然不過是日常生活中簡單的經驗，卻具體的描繪出一個理想的精神世界來。因為這些活動並不只是單純現象，而是感染著活動者的心境，呈現出圓滿自足的情趣；這是無目的性，又無所關心的滿足；同時也是從

39 同上書，第 455 頁。

其他的現實經驗中孤立出來，不受干擾的狀態。所以這明顯的是
一種美感經驗。這裡並沒有一般美感經驗所面對的客體，甚至自
然現象也不是，而是主客的對立早已消失，自我與外物交融為一
體的境界。這自然也是一種道德的境界，朱子從這方面作的注解
最好了：

> 「曾點之學，蓋有以見夫人欲盡處，天理流行，隨處充滿，
> 無少欠闕。故其動靜之際，從容如此。而其言志，則又不過即其
> 所居之位，樂其日用之常，初無舍己為人之意。而其胸次悠然，
> 直與天地萬物，上下同流，各得其所之妙，隱然自見於言外。視
> 三子之規規於事為之末者，其氣象不侔矣。故夫子嘆息而深
> 許之！」

　　所謂「人欲盡處，天理流行」，跟美感經驗中摒除無關的干擾
是類似的。「隨處充滿，無少欠闕」則是「無關心的滿足」狀態。
「無舍己為人之意」，不「規規於事為之末」也就是說無目的性。
「胸次悠然，直與天地萬物，上下同流」則呈現物我交融、列為
一體的境界。所以這道德經驗同時也是美感經驗。仁者與天地萬
物為一體的境界，也就是美的最高境界。[40]

　　總之，與蘇軾在文藝創作和審美趣味上的表現大體同步，這
些純粹哲學領域裡的理學大師們經由禪宗佛學再回到儒學時，也
極大地豐富了自己，建構了這個以審美代宗教的形上本體境界。

---

40 張亨：〈論語論詩〉，《文學評論》第 6 集，臺北，1980 年 5 月。

　　有趣味的現象是，宋明理學的高潮時期也大體是中國山水畫的高潮時期。哲學思辨與藝術趣味的這種同步，是否說明其中有貫通一致的東西呢？這是一個尚待深究的問題。從美學看來，兩者同是上述這一精神特徵的表達。在宋明哲學，道德理性與生命感性的「天人合一」，建構了「屬道德又超越道德」、「準審美又超審美」的本體境界。山水畫則以形象化的境界，同樣展現了這個「天人合一」。在中國山水畫中，儘管人物形象是小小的，甚至看不大清楚，但他們既不表現為征服自然的主體，卻又並不是匍匐於自然之下的雞蟲，如果沒有這些似乎是小小的樵夫、漁夫、行客、書生，大自然就會寂寞、無聊、荒涼、恐怖（見第三章）。所以，山水畫雖然沒去表達人的功業、個性，也沒表達神的人格、威力，它表達似乎只是人與自然的和諧，但這和諧卻不止是鄉居生活的親密寫實，而更是一種傳達本體存在的人生的境界和形上的韻味。這是與大自然合為一體的人的存在，是人的自然化和自然的人化的統一。儘管它已不僅是道家，而且有禪意，但又仍然是回到人世、從屬儒、道的禪。即使是倪雲林的不畫人的山水，也仍然以這種儒道互補式的「天人合一」的韻味和境界吸引、感受和打動著人們，只是他的「亭下不逢人，夕陽淡秋影」，使空幻的禪意可能更濃一些罷了。

　　創作和欣賞山水畫的，主要並不是出家的和尚或道士，而仍然是士大夫知識階層。「士」是一般的知識分子，「大夫」可說是知識分子兼官僚；他們都經過儒家的教育和訓練，是儒學所培育出來的。這些知識分子面對山水畫，體會和感嘆著自然的永恆、

人生之若旅、天地之無垠、世事的無謂，而在重山疊水之間，遼曠平遠之際，卻又總有草堂半角，溪渡一張，使這審美領會仍然與人世相關。世事、家園、人生、天地在這裡奇妙地組成對本體的詩意接近。於是，對熱中仕途的積極者來說，它給予閑散的境地和清涼的心情；對悲觀遁世的消極者來說，它又給予生命的慰安和生活的勇氣。這，也許就是山水畫的妙用所在吧？這所謂「妙用」，不又正是儒、道、釋（禪）滲透交融而仍以儒為主的某種方劑配置麼？蘇軾詞云：「我欲乘風歸去，又恐瓊樓玉宇，高處不勝寒。起舞弄清影，何似在人間」。還是帶著那妙悟禪意，回到人間情味和人際溫暖中來吧，這裡即有實在，有本體，有永恆。經過禪意洗禮後的華夏美學和文藝便正是這樣。如果說，莊以對「感知層」、屈以對「情感層」，那麼，禪便以對「意味層」的豐富，突破、擴大和加深了華夏美學。

六、走向近代

「師心不師道」：從情欲到性靈

　　過了高峰，便趨衰落，或在衰落中逐漸消亡，或在衰落中崛起變化。傳統儒學如此，在儒家思想支配下的文藝和美學亦如此。

　　所謂衰落，在這裡的意思是指，儒家哲學在宋明度過了朱熹、王陽明等頂峰之後，沒能再有大的新開拓。與此似乎相呼應，在古典詩文和繪畫領域，也大體如此。一些具有新意的思想傾向和藝術創作，卻常常是指向與儒學正統相背離甚至相違反的方向。但它們又只是「指向」而已，本身還並未脫出儒學樊籠，儘管可能表現出某種「掙脫」的意向或前景。它是既不成熟又不徹底的，特別是在理論上。

　　這裡所說的，便是明中葉以來的文藝、哲學傾向。

　　如前所述，自「禮樂傳統」以來，儒家美學所承繼和發展的是非酒神型的文化，雖經莊、屈、禪的滲入而並未改變。即它的特點總仍然是：既不排斥感性歡樂，重視滿足感性需要，而又同時要求節制這種歡樂和需要。即使是莊子自由乘風的人格想像，屈原尋死覓活的情感風波，以及那禪宗心空萬物的超越世俗，也都沒有越出這個「極高明而道中庸」的儒學規格。他們那對感性既肯定又節制、對人生求超脫又現實的精神，仍然是一貫下來了。所以即使朱熹等人對蘇軾曾表不滿，但畢竟還沒有把他當作異端

看待。本來,「禮樂」是以協調、組合群體的意志、情感和思想為目標,儒家也是以人際關懷為軸心:「仁」從人從二,個體的感性需要和感性欲求是在人際關係和人際關懷這個前提下被認同、被承認和被肯定的,它並無獨立的價值和意義。莊子講「道」,是超脫感性形骸的精神自由,雖肯定生命,卻又渺視現實,與物欲則剛好對立。魏晉講「情」,這情仍是宇宙感懷、人際傷悲,仍然是社會性和理性占優勢的情,而並非對個體的情欲歌頌。唐宋講「悟」,更超世間,它可以是非理性,但並不反理性,與原始情欲、本能衝動也不相干。總之,無論禮樂、人道、人格、感情、妙悟,都沒強調個體感性存在的自然情欲問題,沒重視這個感性生存中的本能動力的價值和意義。

直到明中葉,情況似乎開始有所變化。但這變化也極有限度,它只是一種在理論上並未自覺的思潮或傾向而已。這便是「欲」的突出。

人欲,首先是男女之間的性欲,本是自古有之從未停歇的生物學和生理學的事實,並不斷成為從原始歌舞到各門藝術的永恆主題之一。但在中國的禮樂傳統和儒家教義的支配下,從「關關雎鳩」表「后妃之德」和「美人香草」以喻君臣,到閨怨、悼亡以表人倫夫妻,大都籠罩在「厚人倫,美教化」的社會要求下,並無自身的價值;不但絕少婚前愛戀,多是婚後相思;而且除了上層皇室(如所謂宮體詩)和下層民間的情歌、山歌具有某種變態發洩的意義外,性愛自身並未真正取得自己在文藝——審美中的獨立地位,特別是沒有取得與個體感性存在相深刻聯繫的獨立

地位。

明中葉以來，社會風尚發生了變異，原因何在，尚待研究，大概與當時商業空前繁盛、城市消費發達有關。當時性愛小說十分流行，傳統禮俗開始崩壞。從《三言》、《二拍》即可看出，儘管開頭結尾要講幾句教訓的話，但其主體卻已不再是「載道」、「言志」或「緣情」，其標準也不再是「中庸」、「從和」、「樂以節樂」，相反，很大一部分是為了滿足或挑逗人們的情欲，其中主要又是性愛的自然情欲。從《金瓶梅》到《肉蒲團》，比之西方的性愛描寫，有過之似無不及；春宮畫也公開為文人們製作和販賣。它直接刺激人們的官能，挑逗人們的肉欲，開始成為對傳統禮教的真正挑戰。

本來如前所說，作為感性存在的個體，誰都有性的本能和性愛欲求，誰對它都有興趣，這是生物學和生理學所規定了的「命運」，不管是男是女，是「正人君子」還是村野小民。只是原來被壓抑在人倫教化或追求超脫的大帽子下，得不到它應有的獨立的地位。儘管有史不絕書的荒淫皇帝，有發達的「房中術」和稀奇古怪的「裸身相逐」、「亂倫」、「面首」等等，也早有像《列子》那種宣講享樂的貴族哲學，但它們並不具有突破統治法規、封建束縛以重視個體血肉存在的近代意義。一直到這時，禁門才開始被沖開，性愛被肯定地、大規模地仔細描述，《肉蒲團》甚至把男女性交與「道」聯繫在一起，將原來只是少數人所祕授密傳、充滿了神祕意味的「房中術」（如《參同契》？）予以誇大的文學描寫和藝術張揚。重要的是，這已成為當時一種風尚、風氣和風流

了。這風流不復是魏晉那種精神性甚強的風姿、風貌、風流，而完全是種情欲性的趣味了。

這樣一種社會潮流反映到美學領域，當然已是幾經曲折、多次折光了。其中有許多複雜的關係和多項的中介，需要進一步細緻探討。這裡只能異常簡略地從哲學、審美趣味和技巧形式上提出三點，作為日後研究的課題。

第一，從哲學上講，這種新傾向反映在王陽明心學的解體過程中，這表現為感性的被承認、肯定和強調。拙著《中國古代思想史論》曾認為，王陽明哲學中，「心」被區劃為「道心」（天理）「人心」（人欲）。（道心人心之分在張載那裡就有，在張那裡恰好是理學的必然開頭，要點在道心的超越性；在王那裡恰好是結尾，要點是它的依存性。）「道心」反對「人心」而又須依賴「人心」才能存在，這當中即已蘊藏著破裂其整個體系的必然矛盾，因為「道心」須通過「人心」的知、意、覺來體現，良知即是順應自然。這樣，知、意、覺已帶有人類肉體心理性質而不只是純粹的邏輯的理了。從這裡，必然發展出「天理即在人欲中」、「理在氣中」的唯物主義。

這種破裂首先表現為由於強調「道心」與「人心」、「良知」與「靈明」的不可分離，二者便經常混在一起，合為一體，甚至日漸等同。儘管「心」、「良知」、「靈明」在王陽明那裡被抽象提昇到超越形體物質的先驗高度，但它畢竟不同於「理」，它總與軀殼、物質相關聯。從而理性與感性常常變成了一個東西而相糾纏以致不能區別，於是再進一步便由理性統治逐漸變成了感性統治。

「良知是天理之昭明靈覺處」。

好惡、靈明，都或多或少地滲入了感性自然的內容和性質。它們更是心理的，而不是純粹邏輯的，它們有更多的經驗性和更少的先驗性。並且更重要的，在理學行程中，這個具有物質性的東西反而逐漸成了「性」、「理」的依據和基礎。原來處於主宰、統治、支配地位的邏輯的「理」反而成了「心」、「情」的引申和派生物，於是，由「理」、「性」而「心」，倒過來成了由「心」而「理」。由「性」而「情」變而為由「情」而「性」。「充其惻隱之心，至仁不可勝用，這便是窮理工夫。」不是由「仁」(朱學中的「性」、「理」) 來決定、支配「惻隱之心」(朱學中的「情」)，而是倒過來，「仁」和「窮理」反而不過是「惻隱之心」的推演和擴充了。既然「心」即「理」，而「心」又不能脫離血肉之軀的「身」，毋寧還需依靠「身」才能存在 (《傳習錄》下：「無心則無身，無身則無心，但指其充塞處言之謂之身，指其主宰處言之謂之心」)。「道心」與「人心」既不能分，「心」與「身」又不能分，這樣，「理」「天理」也就愈益與感性血肉糾纏起來，而日益世俗化了，……王學集中地把全部問題放在身、心、知、意這種種不能脫離生理血肉之軀的主體精神、意志上，其原意本是直接求心理的倫理化，企圖把傳統統治秩序直接按裝在人們的心意之中，然而，結果卻恰恰相反，因為這樣一來，所謂「良知」作為「善良意志」(good will) 或「道德意識」(即 moral conciousness) 反而被染上了感性情感色調。……於是「制欲非體仁」之類的說法提法不久便相繼出現，王學日益傾向於否認用外在規範來人為地管

轄「心」禁錮「欲」的必要，亦即否認用抽象的先驗的理性觀念來強制心靈的必要。「謂百姓日用即道，……指其不假安排者以示之，聞者爽然」；「天理者，天然自有之理也，才欲安排如何，便是人欲」……，所有這些都是「心即理」的王學原則在日益走向感性化的表現，不是倫理即心理，而逐漸變成心理即倫理，邏輯的規範日益變為心理的需求。「心即理」的「理」日益由外在的天理、規範、秩序變為內在的自然、情感甚至欲求了。這也就是朱熹所擔心的「專言知覺者……其弊或至於認欲為理者有之矣」。這樣，也就走向或靠近了近代資產階級的自然人性論：人性就是人的自然情欲、需求、欲望。無論是泰州學派或蕺山學派，總傾向都如此。從王艮講「愛」，顏山農認為「……只是率性而行，純任自然，便謂之道……凡儒先見聞道理格式，皆足以障道」，到何心隱說「性而味，性而色，性而聲，性而安適，性也」；劉宗周強調「道心即人之本心，義理之性即氣質之本性」，想建立至善無惡的心之本體，來擯除一切可能的人欲的思想，到他的學生陳乾初那裡，就發生了變化，陳說：「人心本無天理，天理正從人欲中見，人欲恰好處，即天理也，向無人欲，則亦並無天理之可言矣」；「人欲正當處即是理，無欲又何理乎」；等等，似乎和泰州學派殊途同歸了。

李卓吾更大講「童心」，不諱「私」，「利」：「夫私者，人之心也。人必有私而後其心乃見，如無私則無心矣」，「若不謀利，不正可矣，……若不計功，道又何時而可明也？」這幾乎是與宋明理學一貫肯定和宣講的「正其誼不謀其利，明其道不計其功」唱

完全的反調了；不但肯定了「利」、「功」、「私」、「我」，而且還認為它們是「誼」、「道」、「公」、「群」的基礎。由這裡，再到戴東原強調「好貨好色，欲也，與百姓同之，即理也」，「古聖賢之所謂仁義禮智，不求於所謂欲之外，不離乎血氣心知」，便只一步之隔；而從戴東原這些思想再進一步到康有為的「理，人理也」，「夫生而有欲，天之性哉！……口之欲美飲食也，居之欲美宮室也……」，「人生之道，去苦求樂而已，無他道矣」，在理論邏輯上又只有一步之隔了[1]。中國十八世紀戴東原的哲學的巨大意義，就正在以傳統方式，用傳統詞彙和在傳統的理論領域內，明確地表達了這種自然人性論的近代傾向[2]。

第二，與這種哲學思潮基本同時，同李贄直接間接有關的一批人物，如徐渭、湯顯祖、袁宏道，便各在詩文繪畫領域提出以個性自我為核心或特點的創作理論和文藝主張，如「貴本色」（徐）、「師心不師道」（袁）、「弟云理之所必無，安知非情之所必有邪」（湯）等等。這一傾向雖經隨後的假古典主義的反對，斥責，但在從清初的金聖嘆、李漁、石濤直到乾隆「盛世」的揚州八怪、袁枚等人的創作和理論中，卻仍然不絕如縷地延繼著。石濤說「一畫之法，乃自我立……夫畫者，從於心者也」[3]，袁枚說：「為人，不可以有我；……作詩，不可以無我，……不可寄人

---

1 《中國古代思想史論》第 7 章。

2 參看拙著《中國近代思想史論》。

3 石濤：《苦瓜和尚畫語錄》。

籬下」……⁴，都以不同方式表現出這一點。雖如同戴震在哲學
上沒能達到王陽明的水平一樣，袁枚等人也沒能再造成徐渭、湯
顯祖那樣的氣候。但這一從嘉靖到乾隆的文藝潮流，不管表現方
式如何五花八門，多種多樣，從提倡平易（公安派）到追求艱澀
（竟陵派），從描寫情色（李漁）到「自我立法」（石濤）和鼓吹
性靈（袁枚），卻共同呈現出對儒家傳統教義的脫離、超出、違反
甚至背棄。他們講的「心」、「情」、「真」、「性」、「我」等等，已
不再是儒、道那個普遍性的「天地之心」，也不復是魏晉隋唐的那
種人生感慨的「情」，更不是宋明理學家的那個「義理之性」或
「知覺靈明」；他們的「情」、「心」、「性靈」等等，都更是個體血
肉的，它們與私心、與情欲、與感性的生理存在、本能欲求，自
覺或不自覺地聯繫得更為緊密了。杜麗娘愛得那樣死去活來，不
僅是精神依戀，而且有肉體需求，便大有象徵意義。這種性愛已
不是《西廂記》「露滴牡丹開」那種粗疏簡陋的描述，而是更為昇
華了的情欲表現。大講性靈的袁枚，可說是這一思潮的殿尾者，
他的「性靈」非即肉欲，但歸根結底，又仍然與自然情欲有聯繫。

　　他的「性靈」說的基礎是「性情」：「提筆需先問性情」⁵，
「詩言志，言詩之必本乎性情也」⁶。所謂「性情」主要是指
「情」。「詩緣情」是古已有之的理論，並無何新鮮，新鮮的是，

4　袁枚：《隨園詩話》卷7。

5　袁枚：《小倉山房詩集・卷4・答曾南邨論詩》。

6　袁枚：《隨園詩話》卷3。

袁枚強調「情」首先必是男女之情。袁枚說：「且夫詩者，由情生者也，有必不可解之情，而後有必不可朽之詩。情之最先，莫如男女。……宋儒責白傅（指白居易）杭州詩憶妓者多憶民者少，然則文王寤寐求之至於輾轉反側，何以不憶王季太王而憶淑女耶？」[7] 這幾乎是袁枚論詩的一個基本主調。

總之，回到實在的個體血肉，回到感性世俗的男女性愛，在這基礎上，來生發出個性的獨立、性情的張揚，即由身體的自由和解放到心靈的自由和解放，而日益越出、疏遠、背離甚至違反「以樂節樂」的禮樂傳統和「發乎情止乎禮義」的儒家美學，這便是傳統美學走向自崩毀的近代之路。之所以說是「自」崩毀，是因為所有這些創作者和理論者，這些作家藝術家又都無不是儒門的士大夫知識分子，在他們的自覺意識和理論主張中，儒家的許多基本精神、觀念和思想情感並未從根本上動搖。深探情、色的湯顯祖仍講「名教至樂」。大讚《水滸》、《西廂》的金聖嘆，仍標「忠義」主旨。多才多藝、開明通達的李漁，也要講「有神風教」、「益於勸懲」、「軌乎正道」。就是袁枚，也仍得打著孔子「興觀群怨」的招牌。所有其他人大體都差不多，他們並沒有自覺地脫出儒學傳統的反叛要求和明確觀念，他們基本上仍是儒家美學的信奉者承繼者。但他們又確乎顯示了上述那種突出個性情欲、本能要求的背離傾向。情欲的放縱、本能的傾洩、被壓抑過久的情欲無意識的衝出……，是這股新的近代傾向的強大動力；它們

---

7 袁枚：《小倉山房詩集‧卷30‧答蕺園論詩書》。

不是表現在成熟的美學理論上，而毋寧是表現在具體的審美趣味上，他們以各種不同形式和在不同程度上表現了對傳統的標準、規範、尺度的破壞和違反。例如公開提倡和追求「趣」、「險」、「巧」、「怪」、「淺」、「俗」、「艷」、「謔」、「驚」、「駭」、「疵」、「出其不意」、「冷水澆背」等等，便與「溫柔敦厚」的傳統詩教、「成教化助人倫」的儒學準則，實際距離拉得相當遠了。

徐渭說：「……讀之果能如冷水澆背，陡然一驚，便是『興觀群怨』之品」[8]。「晚唐五代，填詞最高，宋人不及。何也？詞須淺近，晚唐詩文最淺，鄰於詞調，故臻上品。宋人開口便學杜詩，格高氣粗，出語便自生硬，終是不合格」[9]。

袁宏道說：「世人所難得者唯趣。……夫趣得之自然者深，得之學問者淺。當其為童子也，不知有趣，然無往而非趣也：面無端容，目無定睛，口喃喃而欲言，足跳躍而不定，人生之至樂，真逾於此時者……愚不肖之近趣也，以無品也。品愈卑故所求愈下，或為酒肉，或為聲伎，率心而近，無所忌憚，自以為絕望於世，故舉世非笑之不顧也，此又一趣也。」[10]「……獨抒性靈，不拘格套，非從自己胸臆中流出，不肯下筆……佳處自不必言，即疵處亦多本色獨造語，然余則極喜其疵處，而所謂佳者，猶不

8　徐渭：《徐文長集・答許北口》，轉引自《中國美學史資料選編》下冊，第118頁。

9　徐渭：《南詞敘錄》。

10　《袁中郎全集・文鈔卷3・敘陳正甫會心集》。

能不以粉飾蹈襲為恨……任性而發，尚能宣於人之喜怒哀樂嗜好情欲，是可喜也」[11]。

李漁說：「『纖巧』二字，行文之大忌也，……而獨不戒於傳奇一種。傳奇之為道也，愈纖愈密，愈巧愈精。詞人忌在『老實』，……『尖新』即是『纖巧』」[12]。「……以『尖新』出之，則令人眉揚目展，有如聞所未聞；以『老實』出之，時令人意懶心灰，有如聽所不必聽……」。「戲文做與讀書人與不讀書人同看，又與不讀書之婦人小兒同看，故貴淺不貴深」[13]。

金聖嘆說：「夫天下險能生妙，……險故妙，險絕故妙絕，不險則不妙，不險絕則不能妙絕也」[14]。「不險則不快，險極故快極也」[15]，「越奇越駭，越駭越樂」[16]。

袁枚說：「……艷體不足垂教，僕又疑焉，夫關雎即艷詩也，……陰陽夫婦，艷詩之祖也。……詩之奇、平、艷、樸，皆可采取，亦不必盡莊語也」[17]。「溫柔敦厚，亦不過詩教一端，不必篇篇如是。……僕以為孔子論詩可信者，興觀群怨也；不可信

---

11 同上書，〈敘小修詩〉，並欣賞其弟「性喜豪華，不安貧窶，愛念光景，不受寂寞，百金到手，頃刻即盡」等等，頗不合傳統儒學要求。

12 李漁：《閑情偶寄・詞曲部・意取尖新》。

13 《閑情偶寄・詞曲部・忌填塞》。

14 金聖嘆：《水滸傳41回回評》。

15 同上，36回夾批。

16 同上，54回回批。

17 袁枚：《小倉山房文集・卷17・再與沈大宗伯書》。

者，溫柔敦厚也」[18]。

　　總之，不再刻意追求符合「溫柔敦厚」，而是開始懷疑「溫柔敦厚」；不必再是優美、寧靜、和諧、深沈、沖淡、平遠，而是不避甚至追求上述種種「驚」、「俗」、「艷」、「駭」等等；審美趣味中出現的這種傾向，表明文藝欣賞和創作不再完全依附或從屬於儒家傳統所強調的人倫教化，而在爭取自身的獨立性，也表現人們的審美風尚具有了更多的日常生活的感性快樂。袁枚說：「文之佳惡，實不繫乎有用與無用也……文之與道，離也久矣，然文人學士必有所挾以占地步，故一則曰明道，再則曰明道，直是文章家習氣如此。而推究作者之心，都是道其所道，未必果文王、周公、孔子之道也。夫道若大路然，亦非待文章而後明者也」[19]。

　　這幾乎是公開要求「文」、「道」分離了。連正統的文章都如此，更不用說其他文藝了。明代中葉以來，在文藝創作領域中，表現得當然更為鮮明。例如，明末小說中眾多淫穢、貪婪、凶殘、欺詐的描繪，津津樂道醜行惡事，追求官能性的挑逗、戲劇性的緊張等等。繪畫領域內，陳洪綬那「入畫亦不安寧」的醜怪人物，

18 袁枚：《小倉山房尺牘‧卷10‧再答李少鶴書》，轉引自楊鴻烈《袁枚評傳》，文海出版社，臺北，第177頁。值得注意的是，在前一答書中，袁還說「夫溫柔敦厚，聖人之言也，學聖人之言而至庸瑣卑靡，是學者之過，非人之過也。足下必欲反此四字以立教，將教之以北鄙殺伐之音乎」（《小倉山房尺牘》卷8），正反映出求擺脫而未能、和並無明確自覺意識的狀態。

19 袁枚：《小倉山房文集‧卷19‧答友人論文第二書》。

徐渭開創的墨法淋漓的寫意花鳥，董其昌著力提倡那脫離真實的
拙怪的「仿古」山水，都是空前的新現象。在書法領域，則如熊
秉明所說：「明代的狂草，當時正統理性派代表項穆、豐坊以衛道
的姿態大肆斥責：『如襤褸乞兒，麻瘋遮體，久墮溷廁，蒲伏通
衢，臃腫蹣跚，無復人狀』（豐坊），『如瞽目丐人，爛手折足，纏
穿老幼，惡狀醜態，齊唱俚詞，遊行村市也』（項穆）」[20]。這算
是被責罵得夠厲害了，但當時的這種「醜怪」狂草，正因為與上
述繪畫、文學等領域裡的新興的審美趣味一樣，表現了一種突破
儒學傳統規範的總傾向，才贏得傳統維護者的熱罵。其實正統派
對上面引述的那些人也都有大體類似的斥責、唾罵。例如對李贄，
便認為「……至今為人心風俗之害，故其人可誅，其書可毀……
以明正其名教罪人」[21]。例如對徐渭的詩，便認為，「流為魔趣，
選言失雅，纖佻居多」，並指出「其詩遂為公安一派之先鞭，而其
文亦為金人瑞等濫觴之始」[22]。對三袁，「學三袁者，乃至矜其小
慧，破律而壞度」[23]，「萬曆以後，公安倡纖詭之音，竟陵標幽冷
之趣，幺弦側調，嘈囋爭鳴，佻巧蕩乎人心，哀思關乎國運，而
明社亦於是乎屋矣」[24]。對清代的李漁和袁枚的詬罵，更為厲

---

20 熊秉明：〈書法領域裡的新探索〉，見《當代》第2期，臺北，1986年6
月1日。

21 《四庫全書總目提要·別集類存目5·李溫陵集》。

22 同上書，〈別集類存目5·徐文長集〉。

23 同上書，〈別集類存目6·袁中郎集〉。

24 同上書，〈總集類5·朱彝尊明詩綜〉。

害。如：

> 李笠翁十二種曲，舉世盛傳，余謂其科諢謔浪，純乎市井，
> 風雅之氣，掃地以盡。……笠翁之為人，性齷齪，善逢迎，賞挾
> 小妓三四人，遇貴遊子弟，便令隔簾度曲，捧觴行酒，並縱談房
> 術，誘賺重價。蓋其人輕薄，原於天性，發為文章，無足怪也。[25]
> 略《易》、《書》、《禮》、《樂》、《春秋》，而獨重《毛詩》，《毛
> 詩》之中，又抑〈雅〉、〈頌〉而揚〈國風〉，〈國風〉之中又輕國
> 政民俗而尊男女慕悅之詩，於男女慕悅之詩，又斥詩人風刺之解，
> 而主男女自述淫情，……自來小人倡為邪說，不過附會古人疑似
> 以自便其私，未聞光天化日之下，敢於進退六經，非聖非法，而
> 恣為傾淫蕩之說，至於如是之極者也。[26]
> 彼不學之徒（指袁枚），無端標為風趣之目，盡抹邪正貞淫、
> 是非得失，而使人但求風趣。……無知士女，頓忘廉檢，從風披
> 靡，是以六經為導欲宣淫之具，則非聖無法矣……遂使閨閣不安
> 義分，慕賤士之趨名，其禍烈於洪水猛獸。[27]

無論是人身攻擊也好，理論爭議也好，其關鍵在於以男女情
欲為根本特色而生發出來的突出個性、追求新奇和所謂「淫蕩」、

---

25 梁紹壬：《兩般秋雨盦隨筆》。
26 章學誠，見胡適《章實齋年譜》。
27 章學誠：《文史通義・內篇・婦學篇書後》。

「鄙俚」、「纖佻」等等審美風尚和趣味，太不合儒家傳統詩教的尺度，即所謂「非聖無法」、「破律而壞度」。所以，儘管早在《易傳》即有「有男女然後有夫婦，有夫婦然後有父子，有父子然後有君臣」，但這是為了組構儒家的社會秩序；近代的突出男女情欲，卻正好是破壞這一秩序。清初是傳統大總結的階段，如果說，王漁洋的神韻說基本上是滄浪以禪悟論詩的延續，王船山的詩論流露著了重情的屈騷傳統，沈德潛是儒家正統詩教的迴光反照；那麼，袁枚大概就是最能代表明中葉以來這股以男女情欲的解放（所謂「導欲宣淫」）為基礎，來突破儒家傳統的近代傾向了。以哲學領域相比，如果與泰州學派李贄同時而相當的是徐渭、湯顯祖、袁中郎等人，那麼，與戴震同時而相當的便是袁枚了。袁枚處在假古典主義極盛一時的統治下，他所受到的攻擊、謾罵，也是最多最嚴重的。上引章學誠對他的再三斥罵便是如此。章學誠本也是同樣體現了近代傾向的思想家、史學家，但在這個對待情欲的關鍵問題和這問題表現在美學——文藝方面的態度上，卻遠遠落後於袁枚了。總之，情欲問題自古即有，在這裡的實質在於：它表現了對個體感性血肉之軀的重視，亦即真正突出了個體的存在。個體不再只是倫常關係中的一個環節或宇宙系統中的某個因素，而是那不可重複、不可替代、只有一次的感性生命的自身。這自身也不再是泛泛的人生意義或一般的生命感懷，而是實實在在的「我」的血肉、情欲和自然需要。

　　第三，如果說，上述對傳統儒學的觀念突破還不是自覺意識的話，那麼這個時期某些作家藝術家對形式、技巧的規範、考察，

卻是非常自覺的了。這也是走向近代的一種表現，即對文藝——審美自身規律法則的空前重視和刻意追求。即是說，它意味著「藝」、「文」不只是「載道」而已，它們自身的技巧、規則還有其獨立的意義在。其中，董其昌的「仿古」最具代表性，這種「仿」已不再是「傳移模寫」，而是在追求古代作品中的形式規律，並把它抽離出來，定作模式 (pattern)，在創作中遵循運用，以駕御、支配客觀的自然景物。所以它根本不是對自然或古人作品的如實模擬仿制，而是將傳統筆墨抽離出來，予以新的組合。如果說，在繪畫領域，從徐渭到石濤到揚州八怪，是從心靈解放、個性抒發在內容上展示出走向近代的傾向；那麼，從董其昌到四王，則是以筆墨規律的抽離，在形式上展現了同一方向，即他們使筆墨自身從此獲得了完全獨立的價值。西方有些研究者把董其昌比之於 Cézanne，在我看來，這是種過響；但追求一種超出自然景物的所謂本質的真實，所謂「以蹊徑之怪奇論，則畫不如山水；以筆墨之精妙論，則山水決不如畫」[28]，即畫比自然山水高超，這高超不在客觀模擬的如何「逼真」、「典型」，而在主體創作的筆墨精妙，從這一點上，可說具有某種近代自覺的意味。大體同一傾向，如李漁的論戲曲、園林，金聖嘆、毛宗崗的評小說，以及清代翁方綱的文章肌理說、桐城派的古文義法等等，都或多或少地共同表現出重形式、重創作本身的技巧規律的某種思潮風尚。這也逐漸不同於儒學傳統，也不是莊、屈、禪。當然，對技

---

28 董其昌：《畫禪室隨筆》，轉引自《歷代論畫名著彙編》，第 254 頁。

巧的講求，古已有之，下層工匠講求技藝，代代口耳相傳，上層
則如南朝沈約有四病八聲說對詩律的規範，但這次之所以具有近
代特徵，在於它與前面所講的那些特徵有各種不同程度、不同方
面的聯繫和結合，或多或少地表現出一種走向職業化、專業化的
近代意識和傾向。「四王」的畫便很難說是抒發性情（元）或描寫
自然（宋），而只是一種具有裝飾風的職業畫家的「產品」而已。

　　所有上面三個方面，都是儒門正統和宋明理學所不會滿意，
甚至深惡痛絕的。自然人性論的哲學思想、個性自我的創作主張
和艷、俗、險、怪的審美趣味、極力追求形式規律的技巧理論，
在理學家們看來，便都是越出「正心誠意」、「修齊治平」正軌，
而有害於「聖人之道」。如果比較一下劉蕺山的《人譜》的「記警
觀戲劇」，「記警作艷詞」等等，便可看出上述這股新起思潮（它
不是個別人而是醞釀、漫延了數百年之久的某種共同傾向）的背
離或違反儒家傳統的程度和意義。

　　這確是近代的新消息，只是這消息沒有得到充分發揚和開拓，
便被假古典主義（從正統詩文到乾嘉考據、程朱理學）所淹沒和
扼制住了。

「以美育代宗教」：西方美學的傳入

　　1898 年戊戌變法前後，真正西方的近代思潮開始湧進中國，這對傳統的儒學和文藝，當然發生了重要作用，但這是另一個複雜故事，非本書所能詳論。這將近百年的西方文化輸入中，在如何與原有傳統相碰撞和聯結的問題上，美學領域最值得重視的有兩大事例，即這個世紀初期王國維、蔡元培的理論觀念和本世紀中期流行的「美是生活」理論。

　　關於王國維及其《人間詞話》，已經有足夠多的論著了。王國維是典型的儒家傳統的知識分子，卻又同時是勇於接受西方哲學美學的近代先驅。他提出了有名的「境界」說。

　　關於他的境界說有各種解說。我認為，這「境界」的特點在於，它不只是作家的胸懷、氣質、情感、性靈，也不只是作品的風味、神韻、興趣，同時它也不只是情景問題[29]。它是通過情景問題，強調了對象化、客觀化的藝術本體世界中所透露出來的人生，亦即人生境界的展示。儘管王的評點論說並未處處扣緊這一主題，但在王的整個美學思想中，這無疑是焦點所在。所以王以

---

[29] 徐復觀認為 「《人間詞話》 受到今人過分地重視，境界實即情景問題而已」，見《中國文學論集續篇》，學生書局，臺北，1984 年。

三種境界（「望斷天涯路」、「衣帶漸寬終不悔」、「驀然回首」）來
比擬做學問，也並非偶發的聯想。

王國維並且說：「有詩人之境界，有常人之境界。詩人之境
界，惟詩人能感之而能寫之，故讀其詩者，亦高舉遠慕，有遺世
之意。……若夫悲歡離合，羈旅行役之感，常人皆能感之，而惟
詩人能寫之。故其入於人者至深而行於世也尤廣」[30]。

這就是說，詩詞是各種常人、詩人所能感受到的人生，予以
景物化的情感抒寫，才造成藝術的境界。所以，「境」本來自對
人生的情感感受，而後才化為藝術的本體。這本體正是人生境界
和心理情感的對應物。所以，王說：

境非獨謂景物。喜怒哀樂，亦人心中之一境界。故能寫真景
物，真感情者，謂之有境界。[31]

這也就是心理情感的對象化，以構成藝術本體，這本體展示
著人生。王國維講「隔」與「不隔」、「寫境」與「造境」，似都應
從這個角度，而不只是從情景角度去分析，方能顯出其美學的
意義。

王國維之追求境界，提出境界說，也正是希望在這個藝術本
體中去尋求避開個體感性生存的苦痛：

---

30 《人間詞話》。

31 《人間詞話》。

生活之本質何？「欲」而已矣。欲之為性無厭，而其原生於不足。不足之狀態，苦痛是也。……一欲既終，他欲隨之。故究竟之慰藉，終不可得也。即使吾人之欲悉償，而更無所欲之對象，倦厭之情，即起而乘之。於是吾人自己之生活，若負之而不勝其重。故人生者，如鐘錶之擺，實往復於苦痛與倦厭之間者也。……故欲與生活與苦痛，三者一而已矣。……茲有一物焉，使人超然於利害之外，而忘物與我之關係。此時也，吾人之心無希望，無恐怖，非復欲之我，而但知之我也。……非美術何足以當之乎？……美術之務，在描寫人生之苦痛與其解脫之道，而使吾儕馮生之徒，於此桎梏之世界中，離此生活之欲之爭鬥，而得其暫時之平和，此一切美術之目的也。[32]

這似乎在全抄 Schopenhauer，實際卻又仍然是蘇軾以來的那種人生空幻感的近代延續和發展。這延續和發展在於把這感受建築在感性個體的欲望上。與上節講的縱欲重情的走向近代的傾向似乎剛好相反，王國維這裡講的是對這種個體生存和感性欲望、自然要求的否定、厭倦和恐懼。這種對個人必須生存、必須生活從而必然產生各種生理需要、生活欲望的無可奈何的悲觀、厭棄，倒恰好反映了這個世界性的近代主題，在中國由於與傳統碰擊交遇所產生的奇異火花。儒家傳統本是重「生」的，但這個「生」主要是講群體、社會、「天下」、國家，而並不特別著重感性個體

32 《紅樓夢評論》。

的情欲，因此當這個群體的「生」或「生命」變得失去意義時，
個體感性的生存也就毫無價值了。對一個「故國」（清朝）情深、
深感前景無望的士大夫來說，再加上傳統中原有的人生空幻的感
傷，他的接受叔本華的意志盲目流轉的悲觀哲學，並希望在建立
「境界」的藝術本體中去逃避人生，便是相當自然的事情。對感
性個體血肉生存的逃避和拋棄，恰好證實著它的覺醒和巨大壓力
的存在。從而，提出建構一個超利害忘物我的藝術本體世界（「境
界」），就比嚴羽、王士禎以禪悟為基礎的「興趣」、「神韻」的美
學理論，要在哲學層次上高出一頭。這也就是王國維之所以比嚴
羽等人更吸引現代人的根本原因。因為，它那吸入西方式的否定
意欲、否定生命的理論，卻更突出了近代的「情欲」——人生
問題。

之所以追求藝術的幻想世界（「境界」），以之當作本體，來暫
時逃避欲望的追逼和人生的苦痛，這也正因為儒家士大夫本來沒
有宗教信仰的緣故。王國維就是這樣。他只能在藝術中去找安身
立命的本體，雖然他明明知道這個本體是並不可靠的暫時解脫。
所以當現實逼迫他作選擇時，他便像屈原那樣，以自殺——生的
毀滅來作了真正的回答。但以所謂「義無再辱」（王的遺書）作為
死的理由，卻又仍然是傳統的儒家精神。王的自殺倒正是近代西
方悲觀主義和傳統儒家挫折感的結合產物。

如上章所說，儒家哲學沒有建立超道德的宗教，它只有超道
德的美學。它沒建立神的本體，只建立著人的（心理情感的）本
體。它沒有去歸依於神的恩寵或拯救，而只有對人的情感的悲憐、

寬慰的陶冶塑造。如果說，王國維以悲觀主義提示了這問題；那麼可以說，蔡元培則是以積極方式提出了這問題：「以美育代宗教」。

與王國維接受 Schopenhauer 相似，蔡元培接受的是 Kant。與王國維立足於儒學傳統立場相似，蔡元培沒有像 Kant 那樣去建立道德的神學，卻希望從宗教中抽取其情感作用和情感因素，來作為藝術的本質，以替代宗教。他說：「吾人精神上之作用，普遍分為三種，一曰智識，二曰意志，三曰感情。最早之宗教，常兼此三作用而有之。……知識作用離宗教而獨立……意志作用離宗教而獨立……於是宗教所最有密切關係者，惟有情感作用，即所謂美感。……世界觀教育，非可以旦旦而聒之也。且其與現象世界之關係，又非可以枯槁單簡之言說襲而取之也。然則何道之由？曰：由美感之教育。美感者，合美麗與尊嚴而言之，介乎現象世界與實體世界之間，而為之津梁。……在現象世界，凡人皆有愛惡驚懼喜怒悲樂之情，隨離合、生死、禍福、利害之現象而流轉。至美術，則即以此等現象為資料，而能使對之者，自美感以外，一無雜念。……人既脫離一切現象世界相對之感情，而為渾然之美感，則即所謂與造物為友，而已接觸於實體世界之觀念矣」[33]。

在這裡，蔡元培僅把宗教歸之於情感教育，撇開其倫理、意志功能，強調「陶養感情」，以達到「本體世界」，這說明蔡是完全站在儒學傳統的無神論立場，來提出以美育代宗教的命題的。

---

33 蔡元培：〈對於教育方針之意見〉。

　　這實際是以正面積極方式提出了王國維以消極方式提出的藝術為消歇利害、暫息人生的同一問題，他們都追求在藝術——審美中去達到人生的本體真實。所以，重要的是，他們二人為什麼不約而同和殊途同歸地得到了同一結論？我認為，這正是儒學傳統與西方美學相交遇滲透的結果；非酒神型的禮樂文化、無神論的儒門哲學又一次地接受和同化了 Kant、Schopenhauer 的哲學和美學，而提出了新命題。這一命題儘管與明中葉以來縱情欲的外表徵象並不一致，卻又同樣是建立在重個體情欲生存的近代基礎之上，其走向是相當一致的。

　　王國維說：「且孔子之教人，於詩樂外，尤使人玩天然之美。故習禮於樹下，言志於農山，游於舞雩，嘆於川上，使門弟子言志，獨與曾點。……之人也，之境也，固將磅礴萬物以為一，我即宇宙，宇宙即我也。……叔本華所謂『無欲之我』、希爾列爾（即 Schiller）所謂『美麗之心』者非歟？此時之境界：無希望，無恐怖，無內界之爭鬥，無利無害，無人無我，不隨繩墨而自合於道德之法則。一人如此，則優入聖域；社會如此，則成華胥之國。孔子所謂『安而行之』，與希爾列爾所謂『樂於守道德之法則』者，舍美育無由矣」[34]。

　　這不與蔡元培之提倡美育、會通中西如出一轍嗎？儘管根本理論的出發點容或有異，一積極，一消極，一 Kant，一Schopenhauer，但他們將西學結合華夏本土傳統之企圖和走向，

---

34 王國維佚文〈孔子的美育主義〉，見《江海學刊》1987 年第 4 期。

又仍是非常近似的。以美育代宗教，以審美超道德，從而合天人為一體，超越有限的物欲、情思、希望、恐怖、人我、利害⋯⋯，以到達或融入真實的本體世界，推及社會而成「華胥之國」、理想之民，王、蔡二人是相似相通的。這似乎再一次證實著中國古典傳統（主要又仍然是以孔子為代表的儒學傳統）的頑強生命，以及它在近代第一次通過美學領域表現出來的容納、吸取和同化近代西學的創造力量。

　　但自一九二○年代以後，隨著政治鬥爭的激劇緊張，救亡呼聲蓋過一切，美學早被壓縮在冷落的角色裡，純粹的哲學也是這樣。王、蔡這種「以美育代宗教」的觀念更被擱置一旁，無人過問。在文藝領域，則自一九二○年代「文學研究會」提出「為人生而藝術」，到一九三○年代左翼文藝的「為革命而藝術」，到一九四○年代的抗戰文藝，儒學正統的「文以載道」似乎以一種新的形式占據了中心，形成為主流。所謂「為藝術而藝術」的「純」文藝的創作和理論始終未有多大影響。這一切都非偶然。有意思的倒是，在五四運動打倒孔家店之後，這種經世致用、關懷國事民瘼的儒家傳統卻仍然可以是新文藝的基本精神。這既說明不可低估的儒學傳統的生命力，也說明人們所難以豁免的文化心理結構的繼承性質。於是，重男女個體情欲的近代傾向又被倒轉，重新轉換為重現實社會生活的思潮[35]。

　　反映到美學上，一九四○年代傳入、五○年代風行的俄國

---

35 參看拙著《中國現代思想史論・二十世紀中國（大陸）文藝一瞥》。

Chernyshevski 的「美是生活（命）」命題，便正好符合了人們的理論需要。它既是「為人生而藝術」「為革命而藝術」的理論概括，又吻合重生命重人生的華夏美學傳統，普遍地為知識分子和青年學生群所歡迎和接受，而構成現代新美學的起點。但這在許多文章中已經談得很多，這裡不擬論說了。

　　總起來看，近代一如古代，不斷地勇於接受、吸收、改造、同化外來思想，變成自己的血肉，仍然是儒家哲學和華夏美學的根本精神。

 **載體和範疇**

　　美學自身如果真正走向近代，需要經過一番科學分析的洗禮。如何實實在在地從一些具體課題著手，例如從中國文藝所運用的物質載體著手研究，便是一項非常重要的工作。

　　本書不能來作這樣的工作，只能簡略言之。

　　漢語、方塊漢字、毛筆和木材，是中國詩文和藝術（主要是繪畫、書法和建築）的主要的感性物質工具，它們在制約乃至決定中國文藝的美學特徵以及體現前述種種傳統精神上，起了某種關鍵作用。

　　漢字的特徵，已有了許多研究。其中，我以為，理解因素突

出是最為重要的一點。「指事」、「會意」是漢字組成的六大原則（「六書」）中的兩大項。以部首、偏旁通過概念性的認知來把握字意，要求一種理解性的記憶。從而，它使記憶中包含了很重要的理解性成分，即通過理解來記憶。漢字非拼音的特徵、文字與語音的脫節，使文字全憑記憶而認知，數千年世代相沿，便極大地訓練了這種富於理解性的記憶力。追求可理解性，是迄今為止漢字組詞的原則特徵，翻譯外來詞彙不用音譯，而採「會意」「指事」，或雖有音譯而逐漸為「意譯」所替代，如資產階級（布爾喬亞）、民主（德謨克拉西）、意識形態（意底沃羅結）、電腦(computer)……，這在世界所有的語言文字中，是罕見的。

漢字這種理解性的造詞特點，使其具有相當大的自由度。漢字是一音一字。章太炎說，「單音語人所歷時短……，複音語人所歷時長，是故複音語人，聲餘於念，意中章句，其成則遲；單音語人，聲與念稱，意中章句，其成則速」[36]。章太炎由此竟推論出宗教之有無，這當然頗為牽強，但單音字與中國文學語言上的美學特徵則顯然有關。例如，漢語單音字的常用字數量不多而自由組成的詞彙量卻不少，且因組成中含有理解因素，所以「成念」和言說的進行速度也的確可能會更迅速一些，從而，以少量的音組和詞語涵蓋大量的信息，對中國詩文的美學特徵，如重精練簡潔和音樂性等等，無疑有重大意義。

同時，漢字的理解性又只是「性」，而非具體明確的概念意

---

36 章太炎：《齊物論釋》。

識，所以它非常靈活、多義、朦朧和不確定。又由於所謂書畫同源，漢字始終不完全擺脫原始的形象性（「象形」），這種「象形」或形象性並不是事物的如實描繪，而是某種概括性的感性抽象，這種感性抽象又非確定的圖式構架 (Schema)，而是朦朧的形象性記號、符號，以訴諸直感。由此，它的包容性、多義性、不確定性的因素便比其他記號要大。有人研究《詩經》三千單詞中無抽象名詞，以至懷疑中國古人有否邏輯思維能力，他不知道，中國古人恰恰極重知性的理解，只是這理解包含在形象性中，而變得模糊、多義了。漢語無詞類、時態、單複數等等的嚴格規定，因之只有在整個句子中才能了解每一單字單詞的性能、涵義和地位、作用，它以詞序的嚴格性來替代詞類、時態、格位等等的規定性。這既突出表現了整體系統的理性秩序，又易於「以物觀物」，去掉主觀去「客觀地」超時空、越認知、非邏輯地呈現和把握事物和世界。例如，它可以缺乏在西方語文中非常重要的動詞。這當然影響人的思想、情感、觀念、意向，從而影響文藝和哲學、美學。例如，由於無詞類、時態、格位等規定，以及單字在句子中的朦朧性，由是造句的靈活、多樣，使整個句子以至整體本文經常具有隱喻性、未確定性、理解的多重可能性、意義的可增殖性等等彈性特色。這在詩詞中便極其明顯，也正是造成「詩無達詁」這一美學原則的重要緣由。

　　漢字的這種形象性和多義性使它富有情感色彩。「之乎也者矣焉哉」等感嘆字和許多虛詞更純起表情作用。所有這些，使漢文字成為所謂「詩的語言」，即不離感性感受和感情抒發的語言。這

種語言對不去形成一個高度抽象的上帝，而滿足在有限感性中的形上追求，以及思維方式上的同構類比而非抽象的演繹歸納，都有關係。

與漢字相對應，是中國特有的毛筆。它決定了「線的藝術」的可能和發展。新石器的彩陶便「……線描流暢，有的粗放，而且有筆鋒的顯然流露。可知當時彩陶的描繪，已有了毛筆的使用，……近乎獸尾或羽毛之類」[37]。用毛筆劃線，其粗細變化，轉折進行，可以異常自由靈活，而且形態萬方；它的走向、動勢、力度等等，如同音樂一樣，又可以直接與情感相聯繫。所有這些，當然與書、畫的美學特色直接攸關。

中國古代建築則以木結構為材料特徵。這是至今原因不明的一大問題。我的猜測是社會性的，即不是由於石頭稀少之類的原因，而是由於持續極長的中國新石器時代的原始氏族社會沒有強大的專制統治權威，以致無法建構需要極大人力負擔的塊石建築（如金字塔、瑪雅神廟等等）。萬里長城畢竟起自時代很晚的戰國；而木建築傳統卻在遠古即已形成，它延續下來，難再改變。木建築以其暖色調（木比石暖）、平面展開（不能如石建築那樣高聳），以構成千門萬戶的繁複群體的系統結構（不像石建築那麼單一），這在形成建築藝術重整體、重現實理性、重倫常秩序的美學特色上，有關鍵性的作用。從城市、宮殿（如北京紫禁城）[38]到

---

37 王伯敏：《中國繪畫史》，上海人民美術出版社，1982 年，第 8 頁。

38 「……從董仲舒到宋代理學，講究『陽尊陰卑』，越來越嚴密，這對建築

民房（如四合院），數千年來一直如此。

　　從漢語、漢字、毛筆、木結構等物質載體看，它們恰恰能體現本書前述所謂重精神輕物質、情理交融、想像大於感覺等傳統美學特徵，也就不奇怪了。內容與形式、精神要求與物質載體是相互協調配合的。

　　Wilhelm Worringer 批評技術決定風格論，強調更重要的是時

的布局有直接明顯的影響。有尊則有卑，在建築上，為突出尊位，則置於中央地位；位卑者、從屬者則列於兩旁，這就容易形成對稱布局。按中國傳統方位觀念，則居中面南為尊，面東西者次之，面北者最低。在住宅中，尊位是長輩、家長所在，即正房或上房；兩側則為晚輩子媳所在，即廂房、偏房。皇宮殿宇不但位置方向有規矩，尺度、高低、形制乃至色彩、圖案等等，也有等極差別。此外，皇宮主要的宮殿、宮門殿門南北相次在同一中軸線上，以突出中央為尊的地位。例如北京故宮的天安門（皇城正南門）、午門（紫禁城正南門）、太和門、三大殿、乾清坤寧兩宮、神武門（紫禁城北門）、地安門（皇城北門）就在同一南北軸線上，這就十分強烈地突出了皇宮之尊貴。不唯如此，這一南北軸線還向南北延伸，使以南的正陽門（北京內城正南門）、永定門（外城正南門）和以北的鐘鼓樓完全在同一軸線上。皇宮的主要門殿不僅居宮城中心，而且是全北京城的中心。如此氣魄宏偉的全局性規整布局，在世界上絕無僅有；這是從中國歷史上長期發展起來的，由唐長安、元大都到明清北京，都是古代城市的偉大傑作。早期來到中國的歐洲人（例如馬可波羅），他們看慣了歐洲中世紀那種從封建諸侯城堡為中心自發發展起來的、規模不大、缺乏整體規劃的城市，一看到宏偉的元大都或明清北京城和宮殿，都不免大吃一驚，讚嘆不已。」（郭湘生：〈中國古代建築的格局和氣質〉，《文史知識》1987 年 2 月）

代精神。當然，總的講來，不會完全是由漢字、毛筆、木結構決定了華夏美學的特徵，比這些物質載體更重要的仍然是作為創作者、欣賞者的人的「載體」。自秦漢以來，由於早熟型的文官制度建立，士大夫知識分子成為社會結構中的骨幹力量，是文學藝術和哲學的主要創作者和享受者。他們在構成統治社會的文藝風尚和審美趣味上，經常起著決定性作用，同時他們又與民間文藝、下層趣味保持著或多或少的聯繫和溝通（如樂府、詞曲、戲劇、書法、繪畫均來自民間或工匠）。中國大小傳統並不是那麼隔絕。但占主要地位和優勢力量的，仍然是大傳統。從《詩經》（〈國風〉也並非民間作品）[39]《楚辭》到《紅樓夢》，從魏晉書法到明清文人畫，中國哲學、美學、文藝，基本上都是由經過儒家教育的士大夫知識分子所承擔。他們是比漢字、毛筆、木結構更重要的「載體」。從而，儒家思想在美學中一直占據主流，也就是相當自然的事情。

　　總起來，可以看出，從禮樂傳統和孔門仁學開始，包括道、屈、禪，以儒學為主的華夏哲學、美學和文藝，以及倫理、政治等等，都建立在一種心理主義的基礎之上，即以所謂「汝安乎？……汝安，則為之」[40]作為政教倫常和意識形態的根本基礎。

　　這心理主義已不是某種經驗科學的對象，而是以情感為本體

---

39 朱東潤：《詩三百篇探故‧國風出於民間論質疑》，上海古籍出版社，
　　1981年。

40 《論語‧陽貨》。

的哲學命題，從倫理根源到人生境界，都在將這種感性心理作為本體來歷史地建立。從而，這本體不是神靈，不是上帝，不是道德，不是理知，而是情理相融的人性心理。所以，它既「超越」，又內在；既是感性的，又超感性。這也就是審美的形上學。

正是在這心理主義的基礎上，形成了華夏哲學——美學的各種範疇。如果前面說漢字具有模糊多義和不確定性，那麼，這些涵蓋面極大的範疇，便更如此。第二章講「氣」的範疇時，便即指出這一點，其他所有範疇都有這個問題。如何嚴格地科學地分析它們，解釋它們，應是目前中國美學和文藝批評史的重要任務。但這是一項相當艱難的工作。

一些海外研究者用西方的理論框架來分析和區劃中國文藝理論和觀點。如 James J. Y. Liu（劉若愚）曾將中國文學理論分為「形上論」、「決定論和表現論」、「技巧論」、「審美論」、「實用論」等六大類型或派別[41]。熊秉明則認為「把古來的書法理論加以整理，可以分為六大系統」即「寫實派」、「純造型派」、「唯情派」、「倫理派」、「自然派」、「禪意派」[42]。這些都可以作參考，但都不甚準確，並總感到有些削足適履，沒道出本土的真正精神。用現代的學科語言來明白解釋直感性極強、包容性很大的中國美學和美學範疇，也將經歷一個長期過程。

本書和本人都暫時沒有能力作這工作，只是心嚮往之而已。

---

41 James J. Y. Liu, *Chinese Theories of Literature*, Chicago, 1975.

42 熊秉明：《中國書法理論體系》，第 1 頁。

於是本書所採取的，仍然是印象式的現象描述和直觀態度，其缺乏近代的語言分析的「科學性」，是顯而易見的。對範疇的處理也一樣。下面仍以一種簡單的形式化的割裂方法，將傳統中一些範疇，勉強排列一下，以約略表示其相互區分和歷史流變。切不可以刻板求，切不可以「表」害意，切不可絕對分割，因為它們本是緊密聯繫和互相滲透著的。因此，這張表和這本書一樣，它並不「科學」，也無大用，只希望能起點參考、提示作用而已。

時　　代	先秦兩漢	六朝隋唐		宋元	明清近代
哲　　學	儒	莊	屈	禪	
客	氣	道	象	韻	趣
主	志	格	情	意	欲
中　　介	比興	神理	風骨	妙悟	性靈
舉　　例	顧愷之 杜甫 顏真卿 吳敬梓	陶潛 張旭 李白 黃公望	阮籍 王羲之 柳宗元 朱耷	王維 蘇軾 倪雲林 曹雪芹	徐渭 湯顯祖 李漁 袁枚
美（在）	禮樂　人道	自然	深情	境界	生活

結 語

　　孔子曰:「溫故而知新,可以為師矣」[1]。回顧是為了在歷史中發現自己,以把握現在,選擇未來,是對自己現在狀態的審察與前途可能的展望。這種發現、把握、選擇、審察、展望,都包含有自己的歷史性的「偏見」在內。這「偏見」其實也就是某種積澱下來的文化心理結構和本體意識。

　　什麼是本體?本體是最後的實在、一切的根源。依據以儒學為主的華夏傳統,這本體不是自然,沒有人的宇宙生成是沒有意義的。這本體也不是神,讓人匍伏在上帝面前,不符合「贊化育」,「為天地立心」。所以,這本體只能是人。

　　本書作者在哲學上提出人類學本體論 (亦即主體性實踐哲學),即認為,最後的實在是人類總體的工藝社會結構和文化心理結構,亦即兩個「自然的人化」[2]。外在自然成為人類的,內在自然成為人性的。這個人性也就是心理本體,人的自然化是這本體的不可缺少的另一方面。

　　心理本體的重要內涵是人性情感。它有生物本能如性愛、母

---

1 《論語・為政》。

2 參看拙著《批判哲學的批判——康德述評》。

愛、群體愛的自然生理基礎，但它之所以成為人性，正在於它歷史具體地生長在、培育在、呈現在、豐富在、發展在人類的和個體的人生旅途之中。沒有這個歷史——人生——旅途，也就沒有人性的生成和存在。可見，這個似乎是普遍性的情感積澱和本體結構，卻又恰恰只存在在個體對「此在」的主動把握中，在人生奮力中，在鬥戰情懷中，在愛情火焰中，在巨大鄉愁中，在離傷別恨中，在人世蒼涼和孤獨中，在大自然山水花鳥、風霜雪月的或賞心悅目或淡淡哀愁或悲喜雙遣的直感觀照中，當然也在藝術對這些人生之味的濃縮中。去把握、去感受、去珍惜它們吧！在這感受、把握和珍惜中，你便既參與了人類心理本體的建構和積澱，同時又是對它的突破和創新。因為每個個體的感性存在和「此在」，都是獨一無二的。

《中庸》說，「人莫不飲食也，鮮能知味也」。對以儒學為主的華夏文藝——審美的溫故，從上古的禮樂、孔孟的人道、莊生的逍遙、屈子的深情和禪宗的形上追索中，是不是可以因略知人生之味而再次吸取新知，愈發向前猛進呢？

是所望焉。

美的歷程

李澤厚　著

本書以宏觀鳥瞰角度對中國數千年的藝術、文學作了概括描述和美學把握。從遠古藝術、殷周青銅器藝術，經過先秦、魏晉、六朝、唐，到宋元後的山水繪畫與詩詞曲，以及明清時期小說、戲曲等藝術表現，作者皆提出了許多前人所未發現的重要觀念，形成美學上的重要議題。

美學四講

李澤厚　著

作者從「自然的人化」的觀念出發，倡「人類學歷史本體論」之說，立宏觀理論體系，結構嚴密，氣魄恢宏，不單回應了現時流行的中外各美學流派，而且從哲學高度，以主體的實踐和積澱，統一社會與自然，探討美與人的本體存在、美感與心理情感的「數學方程式」、藝術產品與藝術作品、「後現代」等等問題，提出美學與人類命運相關連的前景，引導讀者仔細閱讀並深入思考，走進金碧輝煌的美學宮殿。

美學論集

李澤厚　著

作者提出以人類總體實踐的基礎的「自然的人化」，來解說美、美感及自然美的根源，不僅在當時耳目一新，而且影響至今。此觀點由作者獨創，為前人所未曾道，因頗具哲學深度，為愛好理論之青年學人所歡迎，而迄今大陸美學仍少有能逾此藩籬者。本書收集作者參與五〇年代美學論爭的全部論文，以及其他美學、中國古典文學等論著，呈現作者前期主要的美學思想。

中國民間美術

中國是一個多民族的國家，眾多民族都創⋯⋯
民間美術；民間美術流行於人民生活的各⋯⋯
禮俗、宗教信仰及衣食住行中幾乎無所⋯⋯
歷史文獻對民間美術記載卻很少，多零散⋯⋯
雜著書籍之中。本書輯錄了作者近五十年⋯⋯
美術研究的文章，內容區分為「品類篇」⋯⋯
「民俗篇」三部分，內容涵蓋的範圍相當⋯⋯
料亦十分珍貴，文中並補充七百多幅圖片⋯⋯
愛好者作為研究與鑑賞民間美術的參考書籍⋯⋯